2

淮南子

中文經典100句

玄奘大學中語系季旭昇教授 總策畫
文心工作室 編著

〈出版緣起〉

站在文化巨人的肩膀上

季旭昇

「犁明即起，灑掃庭廚。忘著窗外，一片籃天白雲，令人腥情振忿。隨便灌洗一下，整理遺容之後，走到客聽，粘起三柱香，拜完劣祖劣宗，希望祖宗給我保屁。然後勿勿敢往朋友的壽宴，為朋友舉殤祝壽，大家喝的慾罷不能。談到朋友的事葉出現危機，我就建議他要摒持理念、拿出破力。朋友也免勵我要多用功，才能寫出家譽戶曉、躑地有聲的文章。晚上我開始發糞讀書，日以繼夜的終於寫完這一篇文章。」

這是用現在見怪不怪的錯字集錦而成的一篇小文，果然可以「擲地」，但是未必「有聲」。近年來，這種錯字太多了，老師開始憂心、家長開始憂心、社會賢達開始憂心，只有學生和教育主管當局不憂心，教育主管當局甚至於還要進一步削減中小學的國語文授課時數。終於，社會的憂心迸發了，由各界組成的「搶救國文聯盟」日前已起來呼籲教育主管當局要正視這個問題，不要坐視國家競爭力一日一日的衰落。

身為文化事業一分子的商周出版，老早就在正視這個問題了，所以洞燭機先地策畫了「中文可以更好」系列，為文字針砭、為語文把脈，希望把這些年語文界的毛病治好。各界反應還不錯。

語文的毛病治好了，體質還是不夠強壯。商周出版認為進一步要熬十全大補湯，讓我們的語文更強壯。這「十全大補湯」就是「中文經典一〇〇句」系列。

《荀子・勸學篇》說：

「吾嘗終日而思矣，不如須臾之所學也。吾嘗跂而望矣，不如登高之博見也。登高而招，臂非加長也，而見者遠；順風而呼，聲非加疾也，而聞者彰。假輿馬者，非利足也，而致千里；假舟楫者，非能水也，而絕江河。君子生非異也，善假於物也。」

學畫一定要先從芥子園畫譜學起。芥子園畫譜是初學者的「經典」。張大千的畫藝要更上層樓，所以要去千佛洞臨壁畫。千佛洞是張大千的「經典」。學書法的人要學二王顏柳，二王顏柳是書法界的「經典」。

經典是古代聖賢才智的結晶，是民族文化的源頭。

多認識經典可以讓我們站在巨人的肩上，長得更快、更高。

多認識經典可以讓我們的思想、文字帶有民族智慧、民族風格。

《論語》、《史記》、《古文觀止》、《孟子》、《詩經》、《莊子》、《戰國策》、《唐詩》、《宋詞》、《世說新語》、《資治通鑑》，《昭明文選》、《六祖壇經》、《曾國藩家書》、《老子》、《荀子》、《韓非子》、《兵法》、《易經》（「中文經典一〇〇句」已出版），這幾本書應該是現代國民的「最低限度必讀經典」，做為這個民族的一份子，沒有讀過這幾本書，就稱不上這個民族的「知識分子」。但是，現代人實在太忙了，大人忙著五光十色、小孩忙著被教改、社會忙著全民英檢、國家忙著走出去，人人都在盲茫忙，商周出版因此為忙碌的人們燉一鍋大補湯，用最活潑簡明的文句，把經典的精粹提煉出來，讓大家可以在「三上」（馬上、枕上、廁上）閱讀。在做完文字針砭、為語文把脈、把病痛治好後，讓我們來培元固本，增強功力，站在文化巨人的肩膀上，看得更高，飛得更遠！

（本文作者爲台灣師範大學國文系退休教授，現任玄奘大學中語系教授）

〈導讀〉

漢人著述第一流作品《淮南子》

一、《淮南子》的作者與成書經過

《淮南子》又可稱作《淮南王書》、《淮南鴻烈》、《淮南》等，是西漢時期的淮南王劉安，召集門下的幕僚與賓客共同編寫而成。劉安（西元前一七九年至西元前一二二年）是劉邦的孫子，出生在沛郡豐縣（今天的江蘇省豐縣），十六歲就世襲父親劉長的封號：「淮南王」，據說他還是將豆漿的作法傳入民間、並且無意之中把石膏混入豆漿裡而發明豆腐的人呢！所以劉安的封地安徽淮南，一直是中國最有名的「豆腐之鄉」。

《淮南子》大約是劉安四十歲時的作品，當時的統治者，走的是與民休息、無為而治的政治路線，也想盡辦法要去除前代（秦朝）苛刻的嚴刑峻法下，百姓對執政者的恐懼以及學術性書籍短缺的情況。因此，劉安能在如此文化多元、學術開放，並且政治氛圍較為寬鬆的環境底下，憑藉著自己貴族身份的雄厚財力與廣闊人脈，延攬儒、道及各家學派的傑出人士，集體編撰這部巨著，並希望透過這本書，實現自己心目中所謂「長治久安的最理想社會」。

在共同創作之前，劉安和他的寫作班底，已經先有一個策畫、討論的漫長過程，據東漢學者高誘的說法，最主要人員大概有八位，這些學者一方面蒐集文字資料；一方面結合自己的實際經驗、配合當時國家社會的情勢需要而作一些理論的發揮，花費了大約十一個月的分工執筆，最後再由劉安作最後的潤飾與定稿，於西元前一三九年左右完成整部書，並獻給當時的統治者漢武帝。不過，根據班固《漢書》的記載，劉安也因為廣集賓客這件事，遭到漢武帝的猜忌，被安上「謀反」的罪名，最後被逼得走上自殺一途。

另也有一說：認為劉安雖喜好讀書，也樂於做學問，但其實頗具政治野心，漢武帝雖欣賞他，不過仍處處提防他。相傳在漢景帝時，吳、楚等七國叛變，劉安就想舉兵響應，後來還是因為自己的部屬反對而作罷。等到武帝即位，劉安依然不死心，他勾結太尉，並以金錢賄賂其他大臣，所以有些學者認為劉安集結眾人，滿懷大志的撰著《淮南子》，其實是為了掩護他覬覦帝位的雄心，並且認為劉安是想運用這種「精神領袖」的形象，與年輕的漢武帝互相抗衡。然而《淮南子》書中屢次強調「澹薄無為」，其實也是對於漢武帝某些施政措施表達不滿之意，再加上劉安之子劉遷，在淮南國中橫行不法，被漢武帝「削地以罰」，種種因素的相互影響之下，造成淮南王劉安有了謀反的念頭。可惜劉安的時運不佳，性格也優柔寡斷，最終不敵精力旺盛、雄才大略的武帝。漢武帝得知劉安的意圖逐漸顯露，起兵的準備動作頻繁，盛怒之餘，下令處死劉安，然而前往處死劉安的官員尚未到達時，劉安先行自盡了，最後結局是劉安「淮南王」的名號與封地都被廢除，甚至牽連身邊的賓客與豪傑，以及與此事相關的列侯們，共有數千人被殺。

雖然《淮南子》的主要作者，最終多以悲劇收場，整個過程也令人不勝唏噓，但是仍然不減《淮南子》這本書在後世所綻放的學術光芒！由於參與寫作的人員眾多，使《淮南子》的內容與思想不免龐大、駁雜，所幸作為全書主編的劉安，不僅才華洋溢、博學多聞，而且還是當時有名的詩賦大家，因此即使《淮南子》是眾多作者共同編寫而成，不過經由劉安的統整，再加上他本身的文學天份，總是能利用一些寓言或者歷史故事來鋪陳所要表達的道理，也適時地運用敏捷的文思、豐富的文采，來呈現思想性的言論，使整部書籍不僅思辯清晰、論說精闢，並具備大致的思想方向與理論脈絡，而且文辭也十分流暢。所以《淮南子》雖然被後世定位為思想性的著作，但它的哲學內容不至於深奧難懂，反而是在嚴謹的說理底下，讓我們感受到務實的勸世目標。此外，濃厚的文學色彩也讓整部書文情並茂、引人入勝，才會讓後代許多學者愛不釋手！

二、《淮南子》的各篇內容

《淮南子》的篇目總共有二十一篇，其中最後一篇〈要略〉，可以說是《淮南子》作者的自序，當然也是全書的總序，它扼要的介紹了全書的主旨，至於其他二十卷的內容、寫法以及各篇之間的關連性，也可以從〈要略〉中得知。

第一篇〈原道〉，「原」是「本原」、「根本」，「原道」就是以「道」為本的意思，《淮南子》作者在這篇中闡述道家思想核心：「道」的本質特徵，說明它是天地萬物的本源，也是聖賢在治國、修身時，必須的效法對象，並強調人類必須善用它，而不是背棄它，這可以視為整本書的立言基礎。

第二篇〈俶真〉可以說是〈原道〉的續篇，「俶」是「開始」、「最初」的意思；「真」是「純真」、「本原」的意思，其實還是指「道」。所以〈俶真〉想說明的道理和〈原道〉相近，都是在陳述天地萬物始於同一本原：「道」，只是〈俶真〉更強調世間的各種事件，甚至是各式各樣的人性特徵，最初也都是來自「道」，所以君王的修身與治國，當然也不能離開這個根本，〈俶真〉這麼說，是為了讓國君必須遵循「道」而行事的說法，更站得住腳！

第三篇接著是〈天文〉，這篇可以說是漢武帝以前，內容最豐富的天文學著作。因為〈天文〉談論了天地是如何形成？宇宙之間有哪些天體和星象？它們又有哪些運行規律，而人類又如何依照這些規律來制定曆法等問題，這不僅屬於上古時代的天文科學，也涉及了其他學科的知識，而且雖然在戰國時代，就有不少學者開始尋找這些知識，只是《淮南子》作者試圖整理所有這方面的問題，並為當時的人類提供一系列全面、大量又確定的答案。前面三篇文章，都是在探究天地萬物的起源、宇宙世界的奧祕等問題，

第四篇〈墬形〉，也有版本寫作〈地形〉，顧名思義，就是在講中國各地的地理特徵、物產以及不同的地理環境對人性、民俗的不同影響，所以〈墬形〉可以視為一篇古代地理學的文獻資料。雖然在〈墬形〉的描述過程中，常出現一些古人或《淮南子》作者自己的想像畫面與神話色彩，但主要內容大致上還是可以歸入現代的自然地理學、人文地理學，甚至是經濟地理學等學科中。

第五篇〈時則〉是在介紹一年十二個月的寒暑變化，以及四時季節與動植物生長之間的關係。〈時則〉說明四時變化有一定的法則，動植物的生長也會依照這個法則而有固定的模式和規律，而國君更必須熟知並善用這些天文、氣象以及動植物的生長規律，並按照季節不同而在每個月施行合宜的政令，才能為國家適當地安排各個季節的農業、畜牧等活動。

第六篇〈覽冥〉，則是在討論自然界和人類社會中萬事萬物的相互關係。「覽」是觀察、了解；「冥」是指「深藏在事物內部而難以察覺到的變化之端」，所以「覽冥」的意思是「綜覽世間的各種幽冥變化現象」，這就是為什麼〈覽冥〉羅列了許多相同或不同的物類，他（它、牠）們會相互感應的現象，希望告訴讀者，自然界、人類與萬物之間的關係，其實是千絲萬縷，任何物種、事件或事物，彼此之間都會相互牽連、會因為因緣際會而產生微妙的關係，一旦了解這些現象產生的原因，就能靈活運用在修身養性、待人處世，甚至是治國的面向上了！

第七篇〈精神〉可以視作道家生命觀、養生觀的代表，這篇文章首先強調「生命」的重要性，接著探討生命來源、以及構成生命的要素，再連結到如何延續生命，乃至生命的真正價值以及養生之道，並告訴讀者，保養「精神」的方式，就是要清心寡欲，不要暴喜暴怒。

第八篇〈本經〉則是完全針對治國之術去做討論，「本經」是「最根本的常法」的意思，它把道家的「道」視為「本經」，除了提出一些治國、平天下的具體原則，也說明古代聖人總是會以道家思想治國，所以國家長治久安，若是利用儒家的仁義、禮樂、孝悌等思想，無法完全解決治國的根本問題。

第九篇〈主術〉延續〈本經〉的內容，更詳盡地說明君主治國的策略和方法，所以「主術」可以理解成「國君統治天下之道」。不過〈主術〉不再像〈精神〉和〈本經〉那樣排斥儒家思想，〈主術〉的主要思想是道家的「無為而治」，但它其實也吸收了一些儒家和法家的主張，文章主要是在討論國君如何選擇臣子、制衡臣子，並如何做到自己「無為」、但底下的百官卻能有秩序的各盡其能、各司其職，而且這樣「因材施用」的落實，關鍵在於國君自身的素質，所以〈主術〉強調國君必須加強培養自己的品格和德行，諸如：清心寡欲、去奢尚儉等。

第十篇〈繆稱〉，再繼續延續〈本經〉和〈主術〉的觀點，只是這裡著重在個人修身的態度和方法上，而且更有兼容並蓄的傾向，它廣泛徵引《易經》、《尚書》、《詩經》等書的言論以及孔、孟、荀等學者的思想，畢竟「繆稱」就是把自己的主張和其他各家學說全部揉合起來的意思。且〈繆稱〉沒有太嚴謹的文章系統，比較偏向散論形式，片斷議論，往往三言兩語，就出現一個論點，有點像今天的格言、警句一樣，不過我們仍然可以看出，它的主要內容還是圍繞在君王治國、君子修身、待人處世之道等三個問題上。

第十一篇〈齊俗〉是在談論各地的禮俗，認為這些禮俗都有自己獨特的意義以及存在的價值，所以希望國君在施政時，也能重視、配合當地的風土民情，甚至藉助這些禮儀治國。此外，因為當時的漢代國君，都一直想利用「禮俗制度的統一」這個法令，來裁削各地諸侯的勢力、鞏固中央政權，但劉安並不贊成這個政策，所以這篇文章中可以看出劉安隱含在文章中的不滿情緒。

第十二篇〈道應〉，和第一篇〈原道〉有點相近，都是在強調「道」的重要性，不同的是〈原道〉著重在理論的闡述，而〈道應〉則是利用歷史事實、神話傳說、寓言故事等，來印證道家的許多觀點，以顯出道家學說的正確、合理與可用，也因為它想盡辦法要讓「道」在現實世界落實與應用，所以篇名才取名作「道應」。尤其〈道應〉為了增加文章的可看性，所以試圖把深奧的哲理通俗化，所以整篇文章讀來很像許多則精采的短篇小說！

第十三篇〈氾論〉，其實就是指「泛論」，不過〈氾論〉的內容雖然廣泛，道家思想的主線：「道」仍然不變，換句話說，〈氾論〉就是想讓讀者從許多不同面向，深入了解黃老道家「道」的內涵，以及如何將「道」實際運用在政治上。

第十四篇〈詮言〉內容也比較駁雜，因為「詮言」的意思是「闡明最精微的言論與道理」但是大致上是以人事為例，解說何謂君主治國之根本，其他還有文學、藝術等審美理論。

第十五篇〈兵略〉是專門討論軍事問題，雖然它不少的觀點是來自《孫子兵法》、《荀子．議兵》等書，但仍然是一篇古代軍事學的傑出文獻。〈兵略〉說明戰爭與政治之間的關係：戰爭是延續政治、或輔助政治的手段之一，但是上上之策還是「不戰而止」。另外，也介紹一些具體的戰術，並談到了將領如何領軍、鼓舞民心士氣、掌握作戰技巧與制勝關鍵。

第十六篇〈說山〉與第十七篇〈說林〉兩篇，可以算是「姊妹篇」，因為它們都是要解說自然、人世中的諸多事理，正因為這些事理多如山、林，所以才取這樣的篇名。而且〈說山〉和〈說林〉的內容和形式比較難以區分，而且寫作方式也類似〈繆稱〉的「格言」形式，常常三言兩語、甚至一句話，就可以是一小節，例如：〈說山〉可以分為一百五十五節；〈說林〉的內容更豐富、更龐大，可分為三百八十多節之多。這兩篇都是在談論我們生活周遭的眾多自然現象和社會現象，以及人們在日常生活中所遭遇的各種事件或問題，並希望用「道」來解釋這些現象、解決這些現象，簡單的說，就是教導我們

「防患未然」的道理，也由於文章言簡意賅、涉及許多生活知識與人生哲理，所以被後人視為佳句、箴言的集錦。

第十八篇〈人間〉，則是在討論「福禍相因」的觀念，它分析眾多的君臣之事、人間之事等，說明福與禍、利與害、得與失之間，會不斷相互轉化的道理，更重要的，是教導如何在爾虞我詐的社會中避禍得福、安居於世。

第十九篇〈脩務〉是一種人生哲學的展現，它強調生活必須恬淡無為、怡然自得，清心寡欲；讀書求學則要有自己的見解，也應當堅持不懈。

第二十篇〈泰族〉是在討論國君的修身、治政之術，也可以說是全書的總結，而且最特別的，是〈泰族〉利用儒家的仁政等思想作結論，這突顯《淮南子》作者仍支持儒家的一些觀念，認為這些觀念是正確、而且必須落實在政治上的。

三、《淮南子》對後世的影響

由此可見，《淮南子》的內容，可以說是目不暇給、豐富到「令人喘不過氣」來！不過仔細整理全書的思想體系，我們還是可以發現，它主要是以當時風行的「黃老道家」為主，所以有些後代學者，把《淮南子》視為西漢前期「道家思潮的理論結晶」。不過，它其實也大量的吸收並消化先秦各家學派的菁華，例如：《荀子》、《文子》、《莊子》、《韓非子》、《呂氏春秋》等，再配合當時的漢代君王治理國家、社會時所需要的實務經驗，歸納出一系列的為君之道與治國方針，並特別強調君主的修身與治世，都必須同時進行、缺一不可。此外，除了國君的統馭之術，《淮南子》的內容還涉及了養生之術、官員的從政之道，以及待人處世的一些基本原則；討論的議題牽涉到宇宙觀、人性論、軍事學、經濟學、民俗文化、美學等多方面，所以清末民初的梁啟超會用「《淮南鴻烈》為西漢道家言之淵府，其書博大而條貫，漢人著述中第一流也」的高度評價來讚美它。換句話說，《淮南子》不僅是對先秦百家學說，作了大規模的匯集、融合與反思，形成獨樹一幟的哲學體系，而且內容豐富龐大到無所不包的地步，所以今日許多學者，把它視作一部「介紹漢初多方面文化的百科全書」，認為它總結了西漢以前，許多古代的豐富學問與知識，甚至認為，如果不讀《淮南子》，就無法清楚得知當時的各種文化資訊，更無法體會古代所保留下來的輝煌、燦爛的歷史文明！

另外，雖然《淮南子》的最主要內容是在談論帝王之術，不過正因為它在裡面也教導了世人一些實用的人生道理，例如：正面且豁達的人生觀、清心寡欲的養生論、不盲目爭奪的處世哲學等，以及常用的知識學問，例如：藝術創作與鑑賞、天地終始、萬物起源、人類生命奧祕等，甚至隱含許多新穎、見解獨到的觀念，例如：必須尊敬卻不必迷信的鬼神觀，以及必須因地、因時制宜與配合自然生長規律的政令、法律、宗教與風俗等。這些觀念和道理對應到今日社會仍然十分受用。尤其《淮南子》不是奉旨寫作，所以能稍為獨立於當時帝王專制的政治思想之外，許多的治國策略和一些必要的手段，都能符合時宜，古今通用，因此熟讀之後，也能善加運用在現今社會的國家機關、公司行號等方面的管理方式與用人哲學，或者引申它的涵義，讓它適用在我們日常生活中的待人接物、讀書求學上。

正因為《淮南子》的內容中，無論是治國之術、為官之道、各個團體或階層所必須注意的事項，甚至小到個人的修身、處世哲學、生活中的各種經驗等，許多觀點沿用到今天，仍然是「放諸四海皆準」的不變真理，而且《淮南子》的一些言論，雖然只是輕輕帶過，看起來既平凡又簡單，但是在這短短幾個字中，往往蘊含極其深邃的人生智慧，它帶給我們的精神財富，有時甚至超越一般教科書上死板的文字教訓，這就是為什麼《淮南子》已經是距今約兩千一百多年前的作品了，但是卻能不斷地贏得後人的青睞，而且越是深入閱讀，越會它是一部了不起的著作、越會讓人感到受用無窮！

言出於知者，知者不藏書

Contents／目錄

Contents／目錄

Contents／目錄

淮南子

言出於知者，知者不藏書

材不及林，林不及雨，雨不及陰陽，陰陽不及和，和不及道

名句的誕生

材不及林[1]，林不及雨，雨不及陰陽，陰陽不及和[2]，和不及道[3]。

～淮南子・道應

完全讀懂名句

1. 材不及林：「材」是指已經砍伐下來準備使用的木材；「林」指樹林。
2. 陰陽不及和：「陰陽」是指天地之間的陰陽二氣；「和」是指「和氣」，是陰陽二氣調和之後所形成的「中和之氣」。中和之氣可產生萬物。
3. 和不及道：道氣化為陰陽，陰陽兩氣相互作用才產生和氣，有了和氣始生萬物。

語譯：木材比不上樹林，樹林比不上雨水，雨水比不上陰、陽二氣，陰、陽二氣比不上中和之氣，而中和之氣又比不上大道。

名句的故事

〈道應〉這句話是戰國時代齊宣王詢問如何治理國家時，齊國學者田駢的回答。善於辯論的田駢在回答問題時，並不是從國家時事方面著眼，而是自日常生活隨處可見的木材，說到自然界所有事物的源頭：大道。以形象來說明道支配一切、籠括一切的道理。以此勸誡齊宣王，必須利用「道」來治國，這樣才稱得上抓住治國的根本。

田駢會說「材不及林」，那是因為我們使用的木材，其實來自於樹林，沒有茂密的樹

林，哪來豐富的木材？所以木材不如樹林；會說「林不及雨」，是因為樹林的形成，必須得到雨水的滋潤才能順利生長，所以樹林不如雨水；會說「雨不及陰陽」，是因為雨露是天地間陰、陽二氣消長運動之後所形成的產物，從今天的角度來說，就是冷、熱空氣的交相對流，所以雨水不如陰、陽二氣；而陰、陽二氣的消長則是由中和之氣所左右，所以陰、陽二氣不如中和之氣；最後，中和之氣來自於大道，所以遵行大道才是治國的根本。

故事中的齊宣王雖然有心治國，卻只看到國家運作時的表面情況，不能看清國家真正的需要，因此能言善道的田駢，才會利用世人能夠理解與想像的簡單事物，來說明「道」籠括萬物、支配一切的道理，進而推論出「治國宜用道」的主旨。

歷久彌新說名句

《文子・微明》記載老子曾說：「譬若山林而可以為材。材不及山林，山林不及雲雨，雲雨不及陰陽，陰陽不及和，和不及道。」這句話不論是字詞還是觀念都和〈道應〉所說的意義相似，都是主張木材不如能夠出產木材的地方，而從出產木材之地再向上探尋，最後一定會發現，所有的一切都比不上化生萬物的「道」。

《周易・繫辭上傳》也說：「《易》有太極，是生兩儀，兩儀生四象，四象生八卦……」這裡的「兩儀」就是指陰陽，《周易》認為「太極」生陰陽，陰陽又生「四象」，之後自然界的萬物萬象，就這樣如此生生不息演化下去。漢代的許慎則是在《說文解字》提到：「惟初太極，道立於一，造分天地，化成萬物。」意思是說，整個宇宙最初的狀態稱為「太極」，當時世界上只有「道」存在，正是因為這個「道」的作用，才讓天地萬物紛紛被創造出來。從《老子》、《周易》再到《說文解字》，這些書籍雖然對「道」創生萬物有不同的表達方式，不過它們想強調「以道為本」的觀點與本句名言是一致的。

飄風暴雨不終朝，日中不須臾

名句的誕生

江、河之大也，不過三日；飄風[1]暴雨不終朝[2]，日中不須臾[3]。

～淮南子・道應

完全讀懂名句

1. 飄風：疾風、旋風。
2. 不終朝：「終朝」是指一整天或一個早晨的時間，「不終朝」是指不會整天都如此。
3. 須臾：片刻。

語譯：長江、黃河的流量即使突然暴增，但是不會超過三天，水就會消退減少；狂風暴雨不會持續一整天，太陽日正當中的時刻也不過是片刻的工夫，就會減弱。

名句的故事

〈道應〉此佳句的典故，出自春秋時代趙襄子與屬下的對答。趙襄子的名字叫趙無卹，是春秋末年晉國的卿相，與智氏、韓氏、魏氏共同把持晉國朝政。有一次前線的使者來報，告訴趙襄子說趙氏的軍隊在一日之內就攻下翟國的兩座城池。這原本是值得慶賀的事，但趙襄子反而開始憂慮，因為他認為自己與先祖並沒有累積太大的善行德業，卻能輕鬆奪取敵人的土地，因此擔心會樂極生悲，甚至導致家族的滅亡。

〈道應〉接著記載，當孔子聽見這件事之後，認為趙家的勢力應該就會興盛了，並說：「夫憂者所以為昌也，喜者所以為亡也。勝非其難者也；持之其難者也。」當領導者能為國家的衰亡而預先擔憂，這個國家就會昌盛；反之，過分的欣喜與過度的自信，反而是國家開始衰亡的表現。因此要獲得勝利並非難事，能守住勝利的果實，才是真正困難的事啊！

歷久彌新說名句

自古以來，就有這麼多學者耳提面命警告我們，「驕矜自是」為國家覆滅、事業失敗的開始。《老子》就曾表示：「飄風不終朝，驟雨不終日。」而《周易》中「豐卦」的彖辭則說：「日中則昃，月盈則食。」意思是過了中午，太陽就要西斜；月亮到了最圓的時候，就會開始虧蝕了。這些都是自然界常見的現象，歷代學者苦口婆心地藉由許多史例，勸誡世人必須體會「盛極必衰」、「物壯則老」的道理，以自我期勉，能夠盛不忘衰、安不忘危。

《尚書》說：「滿招損，謙受益。」驕傲自滿會招來損害，謙虛的個性才能得到益處。宋代名臣范仲淹在〈岳陽樓記〉提到，做官應當以造福百姓為己任，必須做到「先天下之憂而憂」，在天下蒼生還沒察覺禍患出現而感到憂慮之前，就要事先為百姓擔憂與設想。歐陽修也在《新五代史・伶官傳序》說：「憂勞可以興國，逸豫可以忘身，自然之理也。」認為時時警惕與勤奮足以振興國家，安逸享樂則會招致身敗名裂，這是自然的道理。因為禍患總是由疏忽、細微的地方累積而成，而聰明勇敢的人，多半都因為自己所沉迷的喜好中遭受挫折。

因此，為人處世應當像《詩經》所說的：「戰戰兢兢，如臨深淵，如履薄冰。」那般謹慎小心，時時反思，懂得未雨綢繆，才能得到成功與勝利。

憍則恣，恣則極物；罷則怨，怨則極慮

名句的誕生

憍則恣[1]，恣則極物[2]；罷[3]則怨，怨則極慮[4]。

～淮南子・道應

完全讀懂名句

1. 憍則恣：「憍」同驕傲的「驕」；「恣」是放縱、放肆之意。
2. 極物：「極」是極盡、用盡的意思；「極物」指耗盡財物。
3. 罷：音ㄆㄧˊ，通「疲」，疲憊、疲困之意。
4. 極慮：費盡思慮，也就是興起許多原本不會有的念頭。

語譯：君主一驕傲就會放縱自己的行為，放肆縱欲之後便會耗盡天下的財物；百姓要是感覺疲憊、困頓，就會產生怨恨，一旦怨恨就會費盡思慮去尋求擺脫疲困的方法。

名句的故事

在「飄風暴雨不終朝，日中不須臾」所提到的趙襄子，是居安思危的正面例子，而《淮南子》在本篇所談論的吳王夫差，則是歷史上因為上位者養尊處優、窮奢極欲，最後導致亡國的經典案例，兩則故事想表達的內涵很相近。

魏武侯曾和大臣李克（又稱李悝）討論吳國滅亡的原因，魏武侯認為，當年的吳王夫差是戰場上的常勝軍，這是國家的福氣，但是吳國卻偏偏因此滅亡，魏武侯無法理解其中緣故，於是詢問李克。李克回答魏武侯，連年征戰會讓人民處在疲憊困苦之中，而屢戰屢勝使得君王過分驕傲，驕傲的國君驅使疲困的百姓，國家怎麼會不滅亡？因此李克才會說出這句經典名言：「憍則恣，恣則極物；罷則怨，怨則極慮。」這樣的回答當然也是在勸諫國君，必須懂得「功成身退」的道理，所以《淮南子》才會在這篇故事之後引用老子的話「功成名遂，身退，天之道也。」一個人功成名就之後，就應該要隱身告退，這樣才是符合天理循環的自然規律。

〈道應〉記載李克所說的這句話意義深遠，「憍則恣，恣則極物」的對象是君王，一國之君原本就擁有天下所有的資源，如果驕傲自滿，就容易忘記統治國家的初衷，把應該用於治理國家的資產，成為炫耀與享受的工具。至於「罷則怨，怨則極慮」的對象，則是從君王連結到蒼生百姓，當國君窮奢極欲地享受尊榮、炫耀國力，隨之而來的就是受盡賦稅、繇役之苦的人民百姓，人民一旦對國家產生埋怨，必定會絞盡腦汁尋求擺脫痛苦的方法，甚至不惜謀反、叛亂，如此一來，國家怎能不滅亡呢？

歷久彌新說名句

〈道應〉利用「憍則恣，恣則極物；罷則怨，怨則極慮。」這個負面例子，說明統治者在獲得成功與勝利之後，必須謙卑謹慎，並且見好就收，若是過分驕矜、不知滿於現狀，往往會因為這種驕傲的個人情緒，把原本美好的國家局勢，逐漸推向君、民彼此極端仇視的地步，甚至淪落到不可收拾的窘境！

這句名言，不只可以適用在治國方面，更可以轉化成一般人的處世哲學。舉凡各行各業的上司、在各種單位擔任重要職位的人，都能以這句話作為警惕。一位有德行的君子，是在成就功業之後，還能夠謙沖自牧，這不僅是「君子」才能始終保有的美德，當然也讓事業更順利，因此能事事亨通、獲得好結果。

君子不乘人於利，不迫人於險

名句的誕生

君子不乘[1]人於利[2]，不迫人於險。

～淮南子・道應

完全讀懂名句

1. 乘：利用、欺凌、欺壓之意
2. 利：有利的地位或形勢。

語譯：君子不會在趁自己有利的情勢下，去欺凌別人；也不會在別人身處險境時，去逼迫他。

名句的故事

〈道應〉這句話的典故，是春秋時代晉國趙襄子征伐叛軍時所發生的故事。

「中牟」原本是春秋時代晉國管轄的土地，但是中牟的將領在趙襄子之父趙簡子死後不久，就叛變投靠齊國。所以趙襄子在父親下葬後五天，起兵討伐中牟，不過還沒完全布陣與包圍時，中牟的城牆卻突然崩壞十丈，趙襄子卻因此暫時鳴金收兵。

趙襄子的部下勸諫他：「君誅中牟之罪，而城自壞，是天助我，何故去之？」認為中牟城牆自壞，是上天幫助晉國，不應該在這個時候退兵。趙襄子則引用晉國大夫叔向所說的「君子不乘人於利，不迫人於險。」這句話來回答部下，並要求自己的軍隊，必須等到中牟的軍民把城牆修好之後才能進攻。

事件的結局是本來已經叛變的中牟將領們，聽到趙襄子的仁心義舉深受感動，反而開城投降。〈道應〉記載這篇故事，一方面說明趙襄子不趁人之危，反倒使對方自動請降。趙襄子不仗恃強大的兵力奪取趨於劣勢的敵人，反而表明自己不願利用別人危難的情勢，來爭取蠅頭小利，顯現泱泱大國的雍容氣度。

〈道應〉這句話中，「利」是對己方的優勢，「險」則是對方所處的劣勢，趙襄子出兵的原因是平定叛亂，而且敵寡我眾，所以趙襄子藉著天賜良機，運用柔情策略，最終感化叛將，不費一兵一卒，沒有任何傷亡就輕取勝利，並且贏得美名。

歷久彌新說名句

「君子不乘人於利，不迫人於險。」旨在規勸世人，不該趁人之危，也不應在別人山窮水盡時，落井下石。這不只是有德君王必備的條件，也是運用在戰爭時的作戰策略，當然更廣泛應用在每個人日常生活的處世哲學，畢竟它是放諸四海皆準的做人原則。

《國語・周語》記載，晉國打敗楚國之後，派遣使者去告知周天子，不過使者郤趁機把功勞都攬在自己身上，單襄公知道以後，批評這個使者的行徑，因為晉國之所以打敗楚國，是上天利用晉國來懲罰楚國，所以不禁感嘆：「佻天不祥，乘人不義，不祥則天棄之，不義則民叛之。」意思是說，竊取上天的功勞是不祥的預兆，趁機利用別人是沒有道義的行為，不祥則上天自然會捨棄他，沒有道義則人民會背棄他。晉國這位使者趁著出訪外國，沒有人能反駁他的時候，把自己說成參與戰爭的功臣，難怪單襄公會對他嗤之以鼻了！

「不乘人於利，不迫人於險」並不是太深奧的道理，歷代學者認為是正人君子都該有的基本德行，不要在別人危難的時候加以迫害，這是甚至教育程度低落的販夫走卒也懂得的道理呀！

得其精而忘其粗，在其內而忘其外

名句的誕生

得其精[1]而忘其粗[2]，在其內[3]而忘其外[4]，見其所見而不見其所不見，視其所視而遺其所不視。

~淮南子・道應

完全讀懂名句

1.精：精神、精髓，就是「內」的部份。

2.粗：粗疏、粗糙，就是「外」的部份。

3.內：內在的精神。

4.外：外部的形體。

語譯：把握精髓的部份而忘掉粗糙的表象，關注內在的本質而忘掉外部特徵，注意想要注意的部份，而不必去在意不需要注意的部份，仔細觀察所要觀察的地方，而遺漏不需要仔細觀察的地方。

名句的故事

根據《淮南子》記載，「得其精而忘其粗，在其內而忘其外」這句話是出自伯樂之口。春秋時代的伯樂，十分擅長「相馬」，總能眼光獨到地尋找所謂的「千里馬」。當伯樂年紀漸大，春秋五霸之一的秦穆公，希望伯樂再推薦一個人選給他時，所以伯樂把九方堙（複姓久方，又稱九方皋，也是古代善於「相馬」的人）推薦給秦穆公。

不過，當九方堙幫秦穆公尋找馬匹時，卻連馬的性別、毛色都無法分辨清楚，於是秦穆公就向伯樂抱怨，抱怨以九方堙的能力，根本無法辨認馬的品種是否優良。但是伯樂聽到這件事情之後，更是十分驚訝，認為九方堙已經到了無人能及的最高境界，因為一般人鑑定一匹馬優良與否的標準，通常都是品種、毛色、骨架等可以用肉眼判斷的外在條件，但是九方堙厲害之處，是他看到了馬的「天機」。所謂「天機」是指上天造化自然萬物的奧祕，其實也就是每一匹馬的天賦、天性。至於一般人會去注意的各種外形特徵，九方堙根本不在乎，所以伯樂才會這麼羨慕，並以「得其精而忘其粗，在其內而忘其外，見其所見而不見其所不見，視其所視而遺其所不視」這句話稱讚九方堙。

歷久彌新說名句

〈道應〉用九方堙「相馬」的故事，拿來說明「得其精而忘其粗，在其內而忘其外」，這句話當然不只單純運用在「相馬術」，因為重視內在精神、忽略外部表象，一直都是許多中國學者最注重的事。

《莊子．養生主》著名的「庖丁解牛」，也是在介紹相同的道理。

「始臣之解牛之時，所見無非全牛者。三年之後，未嘗見全牛也。方今之時，臣以神遇而不以目視，官知止而神欲行。」這位厲害的宰牛師傅對國君說，他一開始宰牛的時候，太在乎牛的外形結構，所以怎麼看都是一整隻牛，不知從何下手，三年以後，他漸漸抓到訣竅，不再用肉眼去觀察牛的外表，而是用心神去體會牛的內在骨骼和肌肉紋理，目光所及完全沒有牛的存在，他順著這些萬物的自然結構組織去宰牛，專注精神去體會運刀，所以下刀處都是牛身體裡原本的空隙，而尋問宰牛師傅的國君，更從這個事件體會到養生的道理：不該侷限在外表，而是注重內在的精神、順應大自然的規律。

魏晉時期的王弼說過：「得象而忘言」、「得意而忘象」意思是說知道一件事物或現象的真正涵義，就可以忽略世人對它的各種文字說明了；領會事物真正的意旨，就可以忘記心中原本對這件事物的既定印象。

不論儒、釋、道，都在強調一個道理：不必執著於事物的外部特徵，或者被漂亮或醜陋的外形所矇蔽，而是要仔細去觀察、留心最深處的精神層面，才能發現事物的真正本質。所以宋代蘇軾寫信給歐陽修時，曾經稱讚他：「大勇若怯，大智如愚」，也是在說明歐陽修這種單從外表是看不出來的智慧與勇氣，而後世更從這個典故引申出成語「大智若愚」，用來形容具有極高智慧的人，往往表面上看似愚笨。

〈道應〉這句話運用在藝術上，正是中國水墨畫最注重的「內在神韻」，所以畫作常常沒有勾勒在物體最外面的固定線條，「寫意」更重於「寫實」。這種重視意境的方式，也表現在戲劇上，中國戲劇不像西方話劇，沙發、電視、茶几樣樣俱全，只要劇情需要，再大、再麻煩的擺設都會搬出來。在國劇表演中，往往一張桌子，就代表了整個客廳、山頭或一座城門，旁邊再擺兩張椅子，主角踩上去再走下來，就代表過了一座橋，連續走上去再下來，就表示翻山越嶺；四個人站成兩排，代表千軍萬馬。總之，就是重在看畫、看戲者的心領神會，這些都是重視內在精神本質，而忽略外面表象的一種運用方式。

聖人之所言者，亦以懷其實，窮而死，獨其糟粕在耳

名句的誕生

今聖人之所言者，亦以懷其實[1]，窮[2]而死，獨其糟粕[3]在耳。

～淮南子・道應

完全讀懂名句

1.懷其實：「懷」是內心的懷抱、充滿胸臆。「實」是指真正精華的部份，也就是聖賢書的文字以外，不能言傳的人生體會。

2.窮：困窮不得志，也可以指生命的盡頭。

3.糟粕：米糟、豆糟或釀酒後所剩餘的渣滓，比喻粗劣無用、沒有價值、只能廢棄掉的東西。

語譯：如今聖人在書中所說的話，也是懷抱著自己真實的人生體驗，終究困窮不得志而死，只剩下能夠言傳的糟粕，還繼續保留下來罷了！

名句的故事

〈道應〉記載的這篇故事，是春秋時代的齊桓公與輪扁之間的對話，整篇故事幾乎全取自《莊子・天道》，只是文字小有差異。

有一天，齊桓公正在讀書，輪扁（輪扁的名字是「扁」，但並不是姓「輪」，因為在當時製作車輪、擔任車夫的行業稱為「輪人」，所以人們乾脆叫他「輪扁」）看到後，放下手邊的工作，請教齊桓公在看什麼書，桓公回答：「是聖人寫的書。」而輪扁卻因為寫這本書的作者已經過世，所以對桓公說：「這本書

的內容，不過是沒有價值的糟粕而已！」桓公非常生氣，身為萬人之上的國君，讀書時竟被車夫譏諷，因此怒而打算治輪扁死罪。輪扁則以製作車輪的技藝為例來回答桓公：學問、道理，其實都是經驗的累積，但是這些經驗很難直接用文字或語言傳授給別人，只有靠自己實際去履行，從親身實踐的過程，領悟真正的意義。所以輪扁才會有這樣的結論：「聖人之所言者，亦以懷其實，窮而死，獨其糟粕在耳。」

歷久彌新說名句

孟子說：「盡信《書》，則不如無《書》。」其實〈道應〉的這篇故事，最能說明孟子的這句話，因為我們若是無法真正吸收書本上的知識，不能在生活中履行書裡的觀點，則作者試圖在書中傳授的道理，終究淪為空談。歷代中國學者也堅信這種想法，唐代史學家劉知已，曾經在《史通・自敘篇》中談到東漢王充撰寫《論衡》的動機：「儒者之書，博而寡要，得其糟粕，失其精華；而流俗鄙夫，貴遠賤近，轉滋牴牾，自相欺惑。」就是在感嘆許多學者不能體會儒家學說的真意，甚至本末倒置、捨近求遠，所以利用〈道應〉說法，批評這些人無疑是「得其糟粕」！宋代王安石則有〈讀史〉一詩：「糟粕所傳非粹美，丹青難寫是精神。區區豈盡高賢意，獨守千秋紙上塵。」意思是說，書中遺留下來的文字，都是糟粕而非精華，用丹青繪製的畫作，很難表現作者的真正精神，這些書籍與畫作，怎麼能真正表達歷代賢人高士的內心世界呢？所以這些破舊的紙張，最終只能在千百年的歲月，不斷堆積灰塵而已！這和〈道應〉輪扁的想法非常相似，都是在感嘆後世無法真正體會書籍的內涵與畫作的神韻，所以以訛傳訛、誤把糟粕當作精華。

到了明代，著名的思想家呂坤，曾在《呻吟語・詞章》說：「擬韓臨柳，效馬學班，代相祖述，竊其糟粕，謬矣。」認為撰寫文章，必須內心真的具有想法與感受，並且以自己的人生體驗為主要內容，盲目模擬韓愈、柳宗元的論說方式、一味仿效司馬遷與班固寫作史書的筆法，這不僅只是在竊取古人沒有價值的東西，而且是非常荒謬的事。

世稱白沙先生的陳獻章，更宣稱「六經皆糟粕」，強調遠古時代聖人留下的《詩經》、《尚書》等六類經典，後世若不能領悟書中的內涵、不能實踐書中的道理，那麼就像〈道應〉所說的「糟粕」一樣。他在〈藤蓑〉說：「千卷萬卷書，全功歸在我。吾心內自得，糟粕安用那！」認為一旦充分把握作者的本意，並且反求諸己，根本不用再去在乎書中冗長的文字，所以陳獻章在〈道學傳序〉又說：「徒誦其言而忘味，六經一糟粕耳」，在〈題梁先生芸閣〉則說：「讀書不為章句縛，千卷萬卷皆糟粕」這些觀點都和〈道應〉的說法完全相同，並非真的否定聖賢書籍，而是告誡我們，不要拘泥於書中的文字，或者盲目背誦書中的詞句，若是只能從文字去解讀文章，無法把書中的精華，轉化成自己內心的感受，並在生活上實際運用，那麼這些書卷與章句，不再是智慧的結晶，都只是無用的糟粕啊！

當然，對我們這些凡胎俗子而言，讀書修業還是要先從聖賢留下的典籍讀起。讀到一定分量之後，再力求超越。否則，一開始就目空一切，自以為是，那就成為孔子所批評的「思而不學則罔」了。

爵益高，志益下；官益大，心益小；祿益厚，施益博

名句的誕生

吾爵[1]益高，吾志益下；吾官益大，吾心益小[2]；吾祿益厚，吾施益博[3]。

～淮南子・道應

完全讀懂名句

1. 爵：古代統治者封給貴族或功臣的名位，如：公、侯、伯、子、男等五個爵位。
2. 心益小：「小」是「小心」的意思。
3. 施益博：「施」指佈施金錢與財物，「博」是眾多、廣博的意思。

語譯：我的爵位越高，態度就越卑下；我的官位越大，內心就更加小心謹慎；我的俸祿越豐厚，就會更加廣施錢財。

名句的故事

〈道應〉這篇故事，強調孫叔敖恭敬謙卑、謹慎小心、又行事得宜的為官之道。故事情節是一位「狐丘丈人」（「狐丘」據說是古代的地名，今天已經不可考，「丈人」則是指年長者。）詢問孫叔敖，是否知道何謂「三怨」，也就是人有三件最容易招來怨恨的情況。

孫叔敖與狐丘丈人互相問答的時間，應該是發生在孫叔敖剛從平民身分被楚國君王提拔為宰相的時候。狐丘丈人口中的「人有三怨」，是指分別來自同僚、君王、以及百姓三方面的怨恨，這當然也是從政為官之時，必須注意的三件大事，甚至可以說是人之常情：爵

位高、權勢顯赫、名聲響亮會招來其他士大夫的忌妒；官位大，若是不稱職，會招來君王的嫌棄與厭惡；俸祿多，卻只會獨享則是會招來窮困百姓的埋怨。當時已經身居一人之下、萬人之上的孫叔敖，立刻回答道：「吾爵益高，吾志益下；吾官益大，吾心益小；吾祿益厚，吾施益博。是以免三怨，可乎？」謙虛地反問狐丘丈人，當來自三方面的問題都解決，應該就能避免怨恨了。

可見孫叔敖深知為官所必須注意的人情世故：爵位越高，就要更加放低自己的身段、收斂自己的神氣態度；官位越大，需要處理的國家行政工作，就越具有重要性，同時也必須兼顧上司的權利以及下屬、百姓的福利，做事當然要更加小心；自己的俸祿增加了，但一般平民的繇役、賦稅卻仍然繁重，為了避免招來人民因為心態不平衡的怨恨，要不時關心百姓、濟助百姓。

歷久彌新說名句

「功高震主」一直是中國歷代士人的禁忌，〈道應〉記錄這句話，也是為了忠告世人，要打從內心避免自己在意氣風發時趾高氣昂，一旦出盡鋒頭、縱情傲物，最容易招人怨恨。這不僅是從政的哲學，也是每個人明哲保身之道，所以早在遠古的《尚書》，就已經強調：「滿招損，謙受益。」越有學養、越有實力的人，往往越懂得謙虛，《詩經》也說：「溫溫恭人，如集於木；惴惴小心，如臨於谷。戰戰兢兢，如履薄冰。」用棲息於樹梢頂端、走在陡峭山谷邊、踏在薄冰上等比喻，來說明待人處世的態度，應該要戰戰兢兢、恭謹小心。

唐代名臣魏徵說：「念高危，則思謙沖而自牧；懼滿溢，則思江海而下百川。」認為不論為人、做官，都應該以謙沖自牧、廣納賢才的心態，取代高貴顯赫時最容易出現的高傲與自滿。宋代王安石，則以〈金陵懷古〉這首詩感嘆：「豪華盡出成功後，逸樂安知與禍雙？」豪氣奢華的生活，雖然都是來自事業成功之後，若不能居安思危，終究物極必反，禍患也會馬上伴隨安逸而來。

〈道應〉所提到的「三怨」，不論時空如何轉變，都有可能持續存在，而「爵益高，志益下」、「官益大，心益小」、「祿益厚，施益薄」，其實也是古今中外「放諸四海皆準」的不變準則，俗話說：「滿招損，謙受益。」強調招搖顯擺的人，才會始終把頭抬得高高的。證嚴法師《靜思語錄》也說：「佛陀常常警惕弟子，即使已達智慧圓融，更含蓄謙虛，像稻穗一樣，米粒愈飽滿，垂得愈低。」這都是非常貼近〈道應〉中孫叔敖所說的觀念。

換句話說，〈道應〉這句話，不僅是一種明智的生活智慧，對於作為團體中的領導者，意義更是重大，畢竟世人在面對名譽、地位與金錢時，總要格外清醒、冷靜與小心，千萬不要因為輕率、浮誇而失足墮入范蠡所預言的「狡兔死，走狗烹，飛鳥盡，良弓藏」窘境，淪落到空有一身才能，卻遭妒而英雄無用武之地！

言出於知者，知者不藏書

故事發生在周代，有一位喜歡收藏書本的人，名叫王壽。有一天，王壽背著一堆書在道路上行走，中途碰到當時有名的隱士徐馮。徐馮對王壽說，事情與時間都是不斷變化，聰明的人應該順應世局的發展，而不是固守無法變通的舊觀念。

言下之意，就是告訴王壽，只擁有那些書籍，卻無法領悟書中的內涵、或者只利用書裡一些過時的道理，去適應日新月異的環境，這都不是明智的方法。所以徐馮說：「書者，言之所出也。言出於知者，知者不藏書。」這並非認為聖賢的經典沒有價值，而是強調世人在讀書的同時，不該一成不變地按照古人的方式去實踐，應該要以學習聖賢做人、做事的精神為首要目標，配合書本上的內容，以及自己真

名句的誕生

書者，言之所出也。言出於知者[1]，知者不藏書。

～淮南子・道應

完全讀懂名句

1. 知者：指聰明、有智慧的人。「知」通「智」。

語譯：書籍，是記載人的言論。言論出自智慧的人，而有智慧的人並不收藏書本。

名句的故事

在《淮南子》之前，《韓非子・喻老》記載過類似的寓言。

實生活的情況，靈活變通，活用書中的道理，這才是有智慧的人。王壽聽完徐馮的話，就將全部的書本焚毀，手舞足蹈，表示王壽不再拘泥於書本裡不合時宜的觀念，並且打算開始用心靈去體會聖賢所說過的道理。

歷久彌新說名句

自然環境或人類社會，總是隨著時空而不斷變遷，若是跟不上這樣緊湊的變化，馬上就會被世界所淘汰。即使運用在軍事上，《孫子兵法》提到：「兵無常勢，水無常形。」應該因時、因地，甚至因敵而制宜，不應該墨守成規、一成不變。求學讀書也是如此，正因環境總是在變動，自己的心靈必須能與時空環境互相契合。

最能展現〈道應〉這類精神的首推宋代的思想家陸九淵。陸九淵說：「宇宙便是吾心，吾心即是宇宙。」所謂「宇宙」，就是整個自然與社會環境，陸九淵主張要用心思考、體會世界，用現代人的觀點來說，就是緊跟著時代的律動，並且讓自己的心境與大環境融合無礙。陸九淵又說：「學苟知本，六經皆我注腳。」認為只要悟得「本心」，以及聖賢在書中所傳達的做人做事的根本精神，則書本的內容，只是我日常生活中的注腳，換句話說，就是自身已經能體現書中的真正精神了！這與〈道應〉想表達的觀點，幾乎完全一致。此外，陸九淵也順著《孟子》的觀點感嘆道：「嗚呼，盡信書不如無書。」好比〈道應〉的「知者不藏書」一般，提醒我們讀書不可拘泥於書上所載的內容而盲從，其實是在強調書本只能作為參考，不能毫無選擇地完全作為依據。雖然我們難以成為智者，無法「不藏書」，但就像上面所說的原理一樣，我們當然也能變通，把「不藏書」轉化成配合自己的生活經驗、仔細吸收與消化書本內容，變成我們能運用的知識與學問。

神之所用者遠，則所遺者近

名句的誕生

精神之越[1]於外，智慮之蕩於內，則不能漏理[2]其形也。是故神之所用者遠，則所遺者近[3]也。

～淮南子・道應

完全讀懂名句

1. 越：散越、散逸。
2. 漏理：「漏」是指填滿、補足與充實。「理」是調理、整理之意。
3. 近：可以理解成形體、身形，同於「不能漏理其形」的「形」。

語譯：精神散落在身體之外，而思慮卻在內心動搖，那麼就不能修補與調理自己的形體了。因此如果精神思慮的範圍太廣，反而會遺忘掉近在咫尺的自身形體。

名句的故事

〈道應〉這則故事，是在描述春秋末年楚平王之孫白公勝，一心想要發動政變，處心積慮的結果，就是無法克制衝動的情緒，因而做出舉止失當的事情。

白公勝之父原本是楚國的太子，後來被廢而攜家帶眷逃往鄭國，沒想到又被鄭國人刺殺身亡。「殺父之仇」讓白公勝非常怨恨鄭國，因此等到白公勝回到楚國之後，便暗中蓄養勇士，等待時機報復。五年後，擔任楚國大夫的白公勝，請求征伐鄭國，當時楚國宰相答應了，但尚未出兵，然而這時鄭國因晉國入侵而向楚國求援，楚國國君竟答應援助鄭國，並和鄭國簽訂友好同盟條約。白公勝知道此事之後，怒氣沖天，開始怨恨楚王，並興起奪權之心。

白公勝報仇心切，早已墮入《淮南子》道家思想中，最忌諱的「內心不能恬淡自若」，他倒持馬鞭，以致於馬鞭的尾部尖端都刺進他的下巴，鮮血直流了，他還沒有任何感覺。鄭國人知道此事之後，便說：「頤之忘，將何不忘哉！」意思是一個人連自己的下巴都忘了，還有什麼能不忘掉呢？鄭國人希望楚國能出兵救援，當然也擔心楚國會因此事而有變數，因此鄭國人意有所指，故意訕笑白公勝，並且希望楚國不要忘記援助之約。但是，鄭國人對白公勝的諷刺，也著實讓白公勝受盡時人，甚至千古後世的訕笑啊！〈道應〉並沒有交待這個歷史事件的結局，後來白公勝果真叛變、試圖奪權，引發楚國內亂，但白公勝沒有成功，他和手下在潰敗之後，逃入山中，自縊而亡，史稱「白公之亂」。

歷久彌新說名句

中國歷代學者，大都利用「神之所用者遠，則所遺者近」這句話，來說明養生之術，畢竟我們若是執著將精神耗費在太過遙遠而不切實際的事物上，那麼近在眼前而真正該把握的事情，就很容易忽略。所以《老子》才會這麼強調不爭與不為而成。老子認為心裡不要急著爭取、不要一直想要有所作為，這樣反而容易成功。即使是最早記載〈道應〉這篇故事的《韓非子・喻老》，也在評論白公勝的行徑之後說：「隨時以舉事，因資而立功，用萬物之能而獲利其上。」認為白公勝當初如果能穩定內心起伏的情緒，平心靜氣面對事情的變化，乘勢而行，伺機而動，憑藉自然到來的機會與資源，用這樣的心境來建立功績與獲得利益，或許就不會發生敗亡的窘境！

但是，〈道應〉用這句話來評論這則故事，其實有一個非常重要的絃外之音，就是主張小不忍則亂大謀。故事中的白公勝，無法暫時隱忍，穩定情緒再謀大事，最終一敗塗地。為了成就事業，克制自己衝動的情感與欲望，是不誤大事的首要條件，所以孔子也曾在子夏從政之前，告誡子夏：「見小利，則大事不成。」見到小私小利，就趕緊向前爭取的人，這當然也是不知克制情緒與欲望的一種樣貌。

歷史上，勾踐的臥薪嘗膽、韓信忍受跨下之辱，都是能夠忍辱以求大事的人。蘇軾在〈留侯論〉中稱讚張良「忍小忿而就大謀」，說明張良能夠忍受小忿恨，來成就遠大的謀略。又說：「天下有大勇者，卒然臨之而不驚，無故加之而不怒。」認為真正的「大勇」，應該是就算突然遭遇困境也能處變不驚，他人無故陷害與責罵，也不會激怒他，這些與〈道應〉中「神之所用者遠，則所遺者近」白公勝心境剛好相反！

時至今日，諺語：「人躁有禍，天躁有雨」、「滅卻心頭火，剔起佛前燈。忍是積德門，怒是惹禍苗。」不斷提醒世人，必須穩定自己急躁、憤怒等情緒波動。古人的教訓，歷歷在目，千萬不要陷入像白公勝的匹夫之勇，以免莽撞闖禍而誤了大事！

失其宗本，技能雖多，不若其寡也

名句的誕生

夫言有宗[1]，事有本。失其宗本，技能[2]雖多，不若其寡也。

～淮南子．道應

完全讀懂名句

1.「言有宗」：言論的主旨。「宗」是根本、本源。

2.「技能」：泛指各種專門的技藝或技術。

語譯：言論要有宗旨，做事要掌握根本。如果喪失宗旨與根本，技能即使很多，還不如少一點會比較好。

名句的故事

戰國時代，有一位齊國學者淳于髡，以博學善辯著稱。當時各國之間，因為秦國武力的威脅，而興起聯合六國抗秦的「合縱」，以及各諸侯與秦國合作的「連橫」兩種策略。但是淳于髡認為這兩種策略，無濟於當時各國的局勢，只是徒增戰禍爭端，生民塗炭，所以在遊說魏惠王時，先談「合縱」、再說「連橫」，原本想利用前後反覆的說詞，使魏國明白，兩種方法皆不足恃，沒想到魏惠王卻因此疏遠他。

老實說，淳于髡確實有勸誡君王的用意，可惜他雖抓住要害，卻刻意賣弄口舌、不務根本，以致魏國國君剛開始欣賞淳于髡的雄辯有理，最後卻認為他反覆無常而不可信，終究無法了解其深意。所以《淮南子》評論這則故事，感嘆世人說話要有根據，而且做事要有原則，才能讓人明白自己的意旨，以及行事的目的，否則就是有再多的能力，也無處發揮。

歷久彌新說名句

胡適曾說「有幾分證據說幾分話，有七分證據不說八分話」、「認真的做事，嚴肅的做人」這兩句話非常貼近本句佳言的基本精神，說話要有內容，言論要抓住主旨，更重要的是要言之有據，才能讓人信服，這就是現代人為什麼如此強調「說話是一門藝術」的原因。至於做事，必須訂立明確的目標，秉持自己的原則辦事。一旦說話不著邊際、又沒有主見，就成為胡適心目中的「不認真」、「不嚴肅」吧！

孔子說：「言必信，行必果」認為「士的標準」就是說話要有信用，做事必定從一而終的履行。孔子在讚美閔子騫時也說：「夫人不言，言必有中。」認為言論必須切中要點，否則乾脆不要說話，這和「技能雖多，不若其寡也」的比喻方式非常相近。歷代學者都很重視言論的誠信與做事的堅決果斷。《春秋穀梁傳》也曾說：「言之所以為言者，信也。言而不信，何以為言？」認為「言而有信」是一個人立身立言的基本原則，說話一旦失了誠信，根本無法在社會上立足。

我們可以把〈道應〉這句話作為立身處世的座右銘，正如晚清的曾國藩所說：「凡人作一事，便須全副精神注在此事，首尾不懈；不可見異思遷，做這樣，想那樣；坐這山，望那山。人而無恆，終身一事無成。」畢竟這是立身處世的最基本原則，即使是美國的愛迪生，也曾說：「猶豫不決，做事無恆，是我們一切不快樂的根源。」不論古今中外，這樣的道理，始終能在人類社會中廣泛應用。

物故有近之而遠，遠之而近

品德高尚者待人處世，不會執意用繩墨來矯正，只求最後能達到終極的目標。

名句的誕生

物故有近之而遠，遠之而近者。故大人之行[1]，不掩[2]以繩，至所極而已矣。

～淮南子・道應

完全讀懂名句

1. 大人之行：「大人」是指品德高尚的人。「行」即行事，指日常生活的行為舉止及待人處世。

2. 掩：本意是掩飾、遮蔽，這裡引申為矯正、輔正。

語譯：有些事物看似靠近卻反而離它更遠，有的事物看似遠離卻反而靠得很近。所以品德高尚者待人處世，不會執意用繩墨來矯正，只求最後能達到終極的目標。

名句的故事

戰國時代齊國的田鳩，是墨子的學生，田鳩想去見秦惠王，向他說明自己的政見，在秦國待了三年，仍無法見到秦惠王。反而是楚威王接見田鳩之後，因為欣賞田鳩的才能而派遣他出使秦國，田鳩才如願見到秦惠王。當田鳩達成心願後，不禁嘆了一口氣，說：「吾留秦三年不得見，不識道之可以從楚也。」意思是我留在秦國三年，卻見不到秦君，我竟然不知道，原來見秦君的這條路，可以從楚國走通啊！

所以〈道應〉評論這則故事：「物故有近

之而遠，遠之而近者。故大人之行，不掩以繩，至所極而已矣。」就是告訴我們，做任何事情，都要懂得變通，所謂「條條大路通羅馬」，有時候看事情的角度翻轉一下；心境稍微轉折、方法稍微變通，仍能達到自己的既定目標。換句話說，目標雖然只有一個，但到達的途徑與方式，卻有許多選擇，只要大方向、大原則掌握好，手段不妨靈活些。

歷久彌新說名句

我們在欣賞一幅油畫時，太靠近觀看，反而會出現盲點、一團模糊；退到遠處之後，畫中的美景卻盡收眼底。〈道應〉這句話，也有近似的道理，這不僅是一種「平凡中見偉大」的高度人生哲理，更展現積極、豁達的人生觀。首先，《淮南子》作者提醒我們，有些事物看起來近在身旁，實際上卻遠在天邊，但有時候遠在天邊的事物，實際上卻近在眼前。這都是觀看事物的心態與角度不同，所造成不同的人生感覺，就像宋代蘇軾的〈題西林壁〉：「橫看成嶺側成峰，遠近高低各不同。」以不同的觀點看待事物，就會有不同的收穫。觀看角度的不同，容易解決；然而心態上急於求成與不知權變，似乎是一項千古難題。〈道應〉這句話，不僅闡述深遠的哲理，更是期待讀者能學習到豁然開朗的人生方向。山重水複疑無路，柳暗花明又一村，有時候前面看似到了路的盡頭，沒想到峰迴路轉之後，又出現一座小山村。遇到困難時，不要鑽牛角尖、固執己見，這樣容易陷入迷惘，正所謂：「山不轉路轉，路不轉人轉，人不轉心轉。」退一步、轉個彎，心一轉，放開心胸來尋求解決方式，困境往往就迎刃而解了！

聖人法與時變，禮與俗化

法令、制度要適合各地的實際需要。

名句的誕生

故聖人法與時變，禮與俗化[1]，衣服器械，各便其用[2]；法度制令，各因其宜[3]。

~淮南子・氾論

完全讀懂名句

1. 化：變化、轉化，有慢慢轉移之意。
2. 各便其用：「便」是方便、便利；「用」是使用。「便其用」是指適合使用的意思。
3. 各因其宜：「因」是依循；「宜」是合宜、適宜。

語譯：所以聖人制訂的法律要隨著時代而修正，制訂的禮節要隨著風俗習慣的不同而有所改變，衣服、器械要使百姓可以方便使用，

名句的故事

「聖人法與時變，禮與俗化」主要是在強調法律、政令、禮俗等，都必須因時制宜、因地制宜，甚至君王也應該依據時代的需要而適度改變。所以《淮南子》在說出這句話之前，整篇言論已經反覆說明這種觀念。例如：「先王之制，不宜則廢之；末世之事，善則著之；是故禮樂未始有常也。」認為聖賢先王所制定的規章制度，若是有不恰當、不合時宜之處就應該廢除，近世如果有優秀、良善的禮制與法規就應該繼續推行。

〈氾論〉以此來說明各種政令及禮樂制度，並非永久固定而不容改變的，正因如此，

〈氾論〉接著說：「聖人制禮樂，而不制於禮樂。治國有常，而利民為本。」意思是聖人制禮作樂，卻不會被禮樂所限制；而君王治理國家，也應該以利於百姓作為根本。換句話說，君王必須懂得施政上的變通，如果對人民有利，就不一定非得效法古代的各種制度；如果合於事情的實際情況，也不一定要遵循陳規舊俗。

《淮南子》甚至舉出古代政權興替的例子：夏、商、周三代之所以興起，都是開國的統治者知道創新求變，不因襲前代的舊法陳規；而夏朝、商朝衰落並滅亡的原因，則是不知變法，過度因循的結果。由此可見，〈氾論〉認為君王的不知變通、愚昧固執地依循舊制陋規，直接關係到國家興亡，因此政令、法律、禮制、習俗等，並非一成不變，要隨時代而有適宜的變化，才是推動社會進步與天下治平的正確方法。

歷久彌新說名句

韓非是一個堅決反對復古而極力主張因時制宜的學者。《韓非子・心度》說：「法與時轉則治，治與世宜則有功。」認為昇平治世的形成，是當時的法令能隨時勢而變化；而治國能收到成效，是因為施政的措施都能與民情、時局相互適應。漢代開國初年，百廢俱興，為了與民休息，劉邦和人民「約法三章」，只制定最簡單基本的法令，來約束歷經戰亂而貧困的百姓。

清朝是最能善用「聖人法與時變，禮與俗化」這種精神的時代。在《大清律例》中，「律文」之後所附的「條例」，是對法律的補充，通常歷代皇帝根據某些具體案件所處理的判例，用來補充法規的不足。雖然法律不能隨意變更，但條例卻可以隨時依社會情況來增刪和修改，所以有判得輕或重的空間，在乾隆時，就規定「條例」要五年修訂一次，這就是為了因時制宜，使法律更具時效性與靈活性。

另外，到了清代後期，由於國家遭受列強入侵，君王又不思振作，許多學者開始苦思如何變法革新，來改變陳舊的陋規。

魏源說：「三代以上天皆不同今日之天，地皆不同今日之人，物皆不同今日之物。」既然時空已經轉變，人、事、物一定也會隨之改變，所以魏源強烈表達「執古以繩今是為誣今」意思是拿古代的規定來作為今日的標準，根本是在陷害今天的所有一切，換句話說，就是要依據時局來制定各項政策，不能硬套入某一種固定模式。康有為也說：「聖人之為治法也，隨時而變義，時移而法亦移。」說明法律要根據形勢而制定，形勢變化了，法律也應隨之變化。梁啟超則是在〈變法通議〉提到：「法固因時而易，亦因地而行。」這些說法和〈氾論〉的觀點完全一致。

古之所以為治者，今之所以為亂也

名句的誕生

古之所以為榮者，今之所以為辱也；古之所以為治者，今之所以為亂也。

～淮南子・氾論

完全讀懂名句

語譯：古代被認為是光榮的事情，也許今天卻被視為恥辱；古代用來治理國家的辦法，有可能今日認為是造成天下混亂的原因。

名句的故事

〈氾論〉這句話，主要是說明同樣一件事，由於古今時空背景不同，人類的認知也會不同，「法與時變，禮與俗化」的觀點，強調事情必須因地、因時制宜。〈氾論〉舉出歷史上許多相關例子。例如：古代民風純樸，所以「政教易化，風俗易移」，百姓容易受到政令、教育與禮俗的感化而日益遷善；近代世人的德行卻日益敗壞、民俗日漸薄劣，若是利用昔日質樸的法令，根本無法約束道德敗壞的民眾。再如：堯舜時代的伯成子高，辭去諸侯之職、告老還鄉，回家種田度過餘生，當時的人非常讚賞他的行誼；但當今之世，如果一個人辭官不做，反而去隱居，往往會被鄉里之民認為是自私、逃避的行為。

道德品行、民風習俗是如此，攻城兵器、戰爭型態也是一樣，隨時空變遷而有不同的順應方式，所以〈氾論〉接著說：「古之兵，弓劍而已矣。」是指古時候的兵器上，長矛不會有堅硬的鐵刃、長戟也不會有尖銳的刀鋒；然而後來甚至開始用連發的弩劍殺人，並且安置許多機關的戰車攻城。另外，古代征伐敵國，總是「不殺黃口，不獲二毛」，認為不殺害幼兒、不俘虜老人是一種義舉；但是今日這種行為，卻成為後患無窮的缺失。所以《淮南子》作者不禁感嘆：「於古為義，於今為笑」。

歷久彌新說名句

〈氾論〉這句名言也如同《商君書》所謂：「古之民樸以厚，今之民巧以偽。」一方面強調法律、政令要因時制宜，另一方面，頗為昔盛今衰、今不如古的現象而感慨。

劉禹錫〈烏衣巷〉：「舊時王謝堂前燕，飛入尋常百姓家。」意思是往日在王公貴族的大宅豪門前盤旋的燕子，依舊年年飛回來，只是豪門宅邸早已改換了主人，變成尋常的百姓人家。劉禹錫利用「燕子」來穿越人類的歷史時空，這和李白〈登金陵鳳凰臺〉：「吳宮花草埋幽徑，晉代衣冠成古丘。」一樣，都自然表現出緬懷世道滄桑、感慨盛衰更替的落寞情調。

最有趣的是現代文學家余光中，他在〈催魂鈴〉一文中說：「凜凜不絕於耳的電話鈴聲，把現代人給催老了。古人魚雁往返，今人鈴聲相迫。」說明古代透過書信往返傳遞消息，這原本是毫無壓力又極富情調的事，而今日聽起來緊迫催人的電話聲，卻完全破壞這種情趣，這是一種新穎趣味的今昔對比。

易為而難成者，事也；難成而易敗者，名也

名句的誕生

可行而不可言者，趨舍[1]也；可言而不可行者，偽詐[2]也；易為而難成者，事也；難成而易敗者，名[3]也。

～淮南子・氾論

完全讀懂名句

1. 趨舍：取捨之意。趨，追求、進取；舍，同「捨」。
2. 偽詐：狡猾、虛偽與欺騙等行為。
3. 名：名譽、名聲。

語譯：可以實行而不能表達出來的，是取得與捨棄的事情；可以表述而不能去實行的，就是虛偽與欺詐的事情；容易做卻難以成功的，是事業；很難成功卻容易毀壞的，是名聲。

名句的故事

〈氾論〉在這裡列出做事情的兩種態度：「人的進退取捨是可以做，但不能說；虛偽、作假與欺詐是可以用嘴巴說，但實際上不能真的去做。」以及生活在世界上，必然會遇到的兩種情況：一則事業，做起來容易卻難以成功的；二則名聲，很難成功又很容易毀壞。《淮南子》將之稱為「聖人之所獨見而留意」的「四策」，也就是聖人必須明察，而且一定會非常留意的四種做事的策略。

「四策」是聖人獨到的見識，也是聖人之所以為「聖人」之因，但是仔細想想，這些態

度與情況，在我們日常生活中就已經隨處可見。「事業」與「名聲」是「四策」中，最重要的兩項觀念。〈氾論〉告訴我們，每個人都有計畫並實行一件事的基本能力，若是要把這件事當成「事業」，並獲得最後的圓滿與成功並不是那麼容易的事。另外，沒有人願意在這個世界上留下污名、敗壞自己的名聲，所以好的名譽，每個人都積極想要擁有，獲得之後當然也會非常珍惜，所以才會以「難成而易敗」來形容它。

這句話正是告誡我們，在只看結果、不看過程的現實社會中，仍然必須擇善固執、有始有終，才能為自己留下良好的信譽與名聲。

歷久彌新說名句

〈氾論〉這句話可作為每個人的處世箴言。因為即使在今日，一個「成功者」的定義，也仍然是要同時擁有「事業」和「名聲」。

《西遊記》也提到：「起頭容易結梢難。」意思是事情開頭容易，但要有令人滿意的結果卻很難。西方的愛因斯坦，也有句名言：「成功，就是『艱苦的勞動』加上『正確的方法』再加上『少說空話』。」由此可見，無論古今中外，已經有太多人都曾認真思考過「事業易為而難成」的大道理。

「名聲」也是人類自古以來非常重視的概念，所謂「豹死留皮，人死留名。」人人都希望留名後世，孔子說：「君子疾沒世而名不稱焉。」認為死後名聲不能流傳後世，是君子最引以為憾的，「名聲」雖是長期經營而來，但卻很容易被輕易毀壞，唐玄宗年輕時創造「開元之治」的盛世，晚年卻因寵愛楊貴妃，結果招致「天寶之亂」為世訕笑。汪精衛年輕時刺殺清攝政王載灃不成，被捕入獄，壯烈寫下「慷慨砍燕市，從容作楚囚；引刀成一快，不負少年頭。」令人聞之懍然；中年以後，為了政治權欲，勾結日本人，造成國家分裂，為人不齒，這就是「名譽難成而易敗」。

百川異源而皆歸於海；百家殊業而皆務於治

名句的誕生

百川異源而皆歸於海[1]；百家[2]殊業而皆務於治[3]。

～淮南子・氾論

完全讀懂名句

1.歸於海：即返回大海的意思。

2.百家：先秦的儒、道、墨、法等各家學說，常用「諸子百家」統稱。

3.務於治：「務」是致力於工作；「治」指治理國事。「務於治」是指把國家社會治理好為要務。

語譯：百川的源頭不同，但最終都會流向大海；百家學說所從事的事業不同，但都以把國家社會治理好為主要目的。

名句的故事

《老子》就曾說：「江海所以能為百谷王者，以其善下之，故能為百谷王。」說明江海是天下河流匯歸的終點，所以被稱為「百川之王」。〈氾論〉雖然也說，百川源流各自不同，但最後都會歸向大海，不過和《老子》的意思相比，〈氾論〉的解釋已經完全不同。

《老子》這些話的「主角」是江海、大海，並用它來比喻「道」，說明保持謙卑、柔弱的姿態，以及不刻意爭奪，也不強出頭。然而〈氾論〉的「百川異源而皆歸於海」，主角卻換成「百川」，並利用這句話來證明自己的結論：「百家殊業而皆務於治。」

〈氾論〉這樣的結論，其實非常具有歷史

意義，因為在春秋戰國時代，學術風氣日漸開放，甚至形成可以容納千百人的教育、學術中心「稷下學宮」。當時的規模不亞於今天的大學，而且在這樣龐大的學堂裏，每個學者雖然有各自的學說或主張，但是都把從事教育和學術研究，作為自己的重要職責，當然也更積極地想把自己的理念，實現在治國、治天下等面向。當時各國君王，會依自己的施政目標，對這些學說進行選擇，在學者各盡其能、君王各取所需的情況下，自然形成了歷史上盛況空前的「諸子百家爭鳴」現象。

換句話說，〈氾論〉已經把《老子》這種「百川歸向大海」的原理，賦予嶄新的詮釋，並利用這個原理來說明，先秦時代的各派學說，儘管觀點紛然、各有不同，但是為了將國家、社會治理得更好；讓百姓過更美好的生活，這名句可說是形容得非常貼切啊！

歷久彌新說名句

〈氾論〉用「百川異源而皆歸於海」形容先秦時代諸子百家的施政主張不同，卻有一致的目標與希望：努力把「治理國家社會」這個事業做好，讓百姓得以安居樂業。在《史記・太史公自序》中，引述父親司馬談的話：「夫陰陽、儒、墨、名、法、道德，此務為治者也。」說明當時雖然出現各種學說，但他們的主張都是以治國為首要任務。

〈氾論〉這句話，後代濃縮成一句成語「百川歸海」，與俗諺「水流千里歸大海」。時至今日，當我們要比喻天下的人、事、物，雖然繁瑣分雜，但終究匯聚於一處時，就會聯想到這個典故。

〈氾論〉的觀點也可以應用在如同《韓非子》的「物者有所宜，材者有所施」這個道理上，因為每件事物都有其適宜的用處，有各施展才能的地方，尤其在今日這個牽一髮動全身的社會，每個人在創造事業的同時，也是在運用個人的專業，分擔社會進步的動力。當每個小零件，都能承受或付出一些力量時，這個龐大的社會機器，自然能順暢運轉！

是非有處，得其處則無非，失其處則無是

名句的誕生

趨舍人異，各有曉心[1]。故是非有處[2]，得其處則無非；失其處則無是。

~淮南子・氾論

完全讀懂名句

1. 曉心：完全明白的意思。
2. 是非有處：「處」是指處所、環境；「有處」是指有特定標準或條件。

語譯：追求與捨棄，人各有不同，每個人心中都有自己的想法。所以是非的標準有一定的條件，得到合適的環境就沒有錯誤，失去合適的環境就不正確了。

名句的故事

這句名言在說明各種觀念、制度與習俗，必然會隨時空、環境的轉變而改變。〈氾論〉之前不斷強調因時、因地制宜，都是用時空、環境的轉變來說明，但這種說法有點抽象，為了讓讀者更容易理解，這裡直接點出：百姓內心的感受，因人而異，但是當眾人的感受形成一種共識時，就是時代的潮流；人民心中可以接受的觀念、制度與習俗，就是它們在實施時最合適的環境。也就是說，時空環境之所以會轉變，其實是百姓內心的感受與標準正在改變。

所以〈氾論〉才會以先秦各派學者互相非議、詆毀的歷史事實，歸納出：「是非取捨，

都是人類自己在價值觀上的判斷」，並用這個道理來說明其中心主旨：世間沒有絕對的是與非，無論正確或錯誤，都取決於當時的環境，以往正確的觀念，一旦運用在「人不能接受」的環境，會因不合適而成為錯誤的觀念；從前錯誤的觀念，若是放在「人可以接受」的環境，也能成為適合當時的正確觀念。

歷久彌新說名句

〈氾論〉認為，人人有自己的想法和心思，對一件事物的採納和捨棄各不相同，但這也正是時空環境轉變的原因。所謂「世事無絕對」，「是」與「非」的標準，總是取決於某個特定時空、某個人類生存環境，就像《莊子・齊物論》所說：「毛嬙、麗姬，人之所美也；魚見之深入，鳥見之高飛，麋鹿見之決驟。」毛嬙、麗姬這些古代美女，人人都想一睹風采，但是對蟲魚鳥獸而言，卻不是牠們眼中的「美」，所以趕緊紛紛逃離。這並不是說動物不辨美醜，而是想告訴我們，世間沒有絕對的美、醜，這如同「得其處則無非，失其處則無是」一樣，每個「正」、「反」標準，都有各自適合的環境。

我們熟知的成語「昨是今非」也是相同的道理，許多價值的判定，都會隨著時空的轉移而被反轉過來，在此時此地為「是」，在彼時彼地為「非」，反之亦然，這正是〈氾論〉所說的「是非有處」。

明代的洪應明在《菜根譚》中如此強調：「世間原無絕對。」近代西方科學家愛因斯坦也說過：「任何事沒有絕對。」我們應該積極面對這種時空轉換時，必然發生的觀念、價值改變，找出一些足以應對或解決的合宜想法與生存方式，才能順應變化多端的當下環境。法國文學家巴爾扎克曾說：「世界上的事物永遠不是絕對的，結果完全因人而異，苦難對於天才是一塊墊腳石，對能幹的人是一筆財富，對弱者是一個萬丈深淵。」似乎最能體現〈氾論〉說這句話背後的真正精神！

一饋而十起，一沐而三捉髮

名句的誕生

一饋[1]而十起，一沐而三捉髮[2]，以勞天下之民。

～淮南子・氾論

完全讀懂名句

1. 饋：進食、用餐。
2. 一沐而三捉髮：「沐」是清洗頭髮；「捉髮」是握住頭髮。

語譯：吃一頓飯要起身十次，洗一次頭要三度握住頭髮（趕忙出來接見訪客或處理要事），用這種態度來分擔天下百姓的辛勞與憂愁。

名句的故事

這則故事是在描述夏朝的大禹。〈氾論〉用吃飯、沐浴等例子，說明大禹雖然常因國事而不得不打斷自己的私事，他卻毫不在意，反而願意犧牲私人時間，為民服務，以此說明他是如何憂慮蒼生、關懷民瘼，因此再怎麼勞累，依然甘之如飴。

〈氾論〉在說這句話之前，先介紹大禹執政的情形。大禹向天下宣布：「告寡人以事者振鐸，語寡人以憂者擊磬，有獄訟者搖鞀。」意思是如果有事要告訴我，請搖鈴；如果因為禍患而憂慮擔心，請敲打石磬；如果有訴訟事件，請搖動鞀鼓。由此可見，大禹已經先承諾百姓，遭遇任何難題，都可以請他出面解決，大禹也真的實現諾言，所以才會「一饋十起，一沐三捉髮」，總是中斷私人事務，來處理國事。這一方面可見當時政務的繁忙；另一方面，更可見大禹永遠把國事擺第一，總是憂愁人民是否遇到急難，因此心甘情願拋下私人時間。

古代帝王擁有尊貴的地位、至高無上的權力，而且再怎麼良善賢能的君主，也需要休息，如果連好好吃一頓飯、洗個頭髮都無法如願，還要被打斷好幾次，相信任誰也不情願啊！更何況是代表權威不容侵犯的一國之君呢？〈氾論〉筆下的大禹，竟能如此好脾氣，尤其「一沐三捉髮」是一邊握著濕髮，一邊忙著出來接見別人的樣子，這種近乎不顧形象的作為，親切得猶如我們身旁的熟人。試問從古至今，在我們印象中的統治者，有哪一位能做到像他這樣呢？大禹致力於國事的心思以及親民的形象在〈氾論〉生動描述之下一覽無疑。

歷久彌新說名句

〈氾論〉用這句話形容大禹的憂慮天下蒼生，縱使身為一國之君，國事萬般繁重，使他辛勞到無暇顧及私生活，依然甘心接受、樂於承擔。

魏晉時代的劉晝，則是在《劉子・誡盈》記載：「夏禹一饋而七起，周公一沐而三握。」這些都是後人記載大禹的事蹟，與周公的以身作則，目的都是希望以這些古代賢君，作為統治者的榜樣。明代的顧憲成，曾在東林書院題字寫道：「家事國事天下事，事事關心。」說明自己把國事與家事視為一體、沒有分別之心，這種責任感與無私胸懷，與大禹的心態完全一致。

明末的顧炎武也說：「國家興亡，肉食者責也；天下興亡，匹夫有責。」而清末的左宗棠在十七歲就寫下「身無半畝，心憂天下」的名言，這些名臣不以自身為重，認為主動關心國家大事是每個人的責任，這樣的想法，歷經幾千年的考驗，仍歷久彌新、備受後代人士的推崇！

體大者節疏，蹠距者舉遠

名句的誕生

故小謹者[1]無成功，訾行者[2]不容于眾，體大者節疏[3]，蹠距[4]者舉遠。

～淮南子・氾論

完全讀懂名句

1. 小謹者：小心謹慎。這裡指對小事斤斤計較的人。
2. 訾行者：自命清高卻專找別人過失的人。
3. 節疏：「節」是骨節、關節。「疏」：長遠、分散的意思。
4. 蹠距：蹠，音ㄓˊ，腳掌。距，通「巨」，龐大、巨大的意思。

語譯：所以處處小心謹慎的人難有大成就；任意詆毀別人的人不會被眾人所接納；身體高大魁武的人，骨骼關節比較長；腳大腿長的人，步伐大而能走遠路。

名句的故事

此名句有兩層意義：一則就個人而言，它強調：「夫人之情，莫不有所短。」沒有人是完美無缺的，任何人都會有缺點，我們只要好好把握自己的優點，當優點顯露而足以讓自己要做的事情順利進行，短處自然就會被掩蓋起來，相反的，如果缺點太過明顯，即使偶然有一些值得稱讚長處，也無濟於事。

二則關於自己在看待別人而言，正因為每個人都有缺點，我們必須抱著寬容之心，接納他人，〈氾論〉說：「人有厚德，無間其小節；而有大譽，無疵其小故。」意思是人只要有大的美德，就不需去非議他的小過失；人若是擁有良好的聲譽德，就不用去攻擊他的小錯誤。

由此可見，〈氾論〉提出了一種積極、樂觀的人生哲學，它告訴我們不需要執著在小過錯上，只要大方向正確，事業得以順利進行，這些小缺點根本微不足道，當然也不會成為太大的阻礙。如果刻意要用小缺點，去掩蓋一個人的大優點，那麼天底下就沒有所謂的聖王賢相了！另一方面，提醒我們，既然明白自己的情況是如此，更該以同理心來「寬以待人」，千萬不要故意挑剔他人的小缺失，作為提高自己身價的手段。

歷久彌新說名句

《左傳》說：「人非聖賢，孰能無過？」人人都有犯錯的時候，若是處處計較，總是在乎自己或別人的小缺點，這是我們常說的「雞蛋裡挑骨頭」，而〈氾論〉則是用更激烈的口吻，批評這種人註定不會成功。「體大者節疏，蹠距者舉遠」提醒我們必須有能力看到自己和別人的優點，更要有肚量去欣賞這些長處。孔子說：「君子成人之美」認為真正的君子，總是能盡力地成全人家的好事。

最有名的例子，是晉代大臣祁黃羊的故事。有一次，國君問祁黃羊：「南陽邵縣令出缺，你認為誰可以勝任？」他回答：「解狐可以擔任。」國君非常驚訝而不解，因為解狐一向和祁黃羊有仇，所以再次詢問他，祁黃羊回答：「您是問我誰可以任縣令，並不是問我，誰是我的仇人。」一般來說，既然祁黃羊與解狐相互仇恨，想必祁黃羊一定能舉出解狐的一連串缺點，不過祁黃羊卻能秉持公正的態度去評斷仇人的才能，這可以說是〈氾論〉這句話的實際運用。

能效其求，而不知其所以取人也

名句的誕生

為是釋度數而求之於朝肆草莽之中，其失人也必多矣。何則？未有功而知其賢者，堯之知舜；功成事立而知其賢者，市人之知舜。能效其求[1]，而不知其所以取人[2]也。

～淮南子・氾論

完全讀懂名句

1. 效其求：「效」是摹仿、仿效。是指仿效聖王賢君求才的做法。
2. 取人：取士的標準。

語譯：在還沒有事功，就能知道他是賢者，這是堯對舜的認識；在功成事立之後才知道他是賢者，這是一般人對舜的認識。因為這樣的緣故，放棄原則而在朝廷、市場、草莽之中找人才，那麼錯失的人才就很多了。這是一般人只能「依樣畫葫蘆」仿效聖人求賢的方法，卻不懂聖王賢君選擇或評判人才的原則與標準。

名句的故事

這段名言強調選賢、徵才要具有獨到的眼光，也要把握最佳的時機點，必須在這些賢才能士還未發達以前，就能發掘他們的才幹與能力，古代聖明的君王就是如此。當今的帝王雖然能仿效古代賢君錄用人才的方法，但是往往只學到皮毛，卻忽略真正搜羅人才的精髓，因此常常錯過或遲遲尋覓不到真正的人才。這是因為一般人或是當今的領導者，不能在賢才處於低賤卑微時，就發現他的能力，然而，這也正是古代聖王賢君「所以取人」的厲害之處啊！

〈氾論〉舉了一些古代的例子，包括：春秋時代的虞國大夫百里奚，曾經替人養牛、伊尹背著鍋子為商湯煮飯、呂尚拿著屠刀當肉販、管仲被綑綁在市集準備行刑等故事，說明他們都是在當販夫走卒、貧窮落魄時，就被帝王所相中，提拔他們到宮廷中任職。而一般人卻沒有這樣的能力，只會在這些人位居高官、赫赫有名之後，才發現他們真的是賢明能士，〈氾論〉認為，如果君王也像這些平凡人一樣，沒有識人的獨到眼光，那麼就算拚命尋求人才，也是徒勞無功。因為他們只會「效其求」，卻不知道古代賢君「所以取人」的真正標準與原則啊！

歷久彌新說名句

〈氾論〉這句話提出一個非常先進而且重要的觀念：挑選人才並不是「依樣畫葫蘆」，不是模仿古代聖賢的做法，而是要具備獨到、準確的判斷能力。換句話說，聖賢取用人才的標準，是在一個人還未發跡之前，就能識別出這個人才與眾不同之處，而不是在這個人才已經功成名就之後，才人云亦云與眾人一道稱讚他。雖然〈氾論〉原本的用意，是在勸誡古代帝王，但即使運用在今天，不論是政府機關、還是商業職場上，這種觀念仍十分受用，是每個領導者或上司在徵才時必須注意的原則。

韓愈感嘆說：「世有伯樂，然後有千里馬。千里馬常有，而伯樂不常有。」世間的人才很多，但真正懂得欣賞、能慧眼發現他們的才能的人卻很少。

三國時代劉備「三顧茅廬」的典故也是如此，正因為劉備懂得識人，具備先見之明，所以願意親自拜訪孔明，直到第三次才終於見了面。若是劉備沒有識人之明，才幹不凡的孔明，就會如同一塊無人賞識、無人願意雕琢的「璞玉」，可能會一直深居簡出隱於山林中，日後三國鼎立的歷史也可能就此而改寫。

南朝宋的劉義慶《世說新語．賢媛》中，曾介紹魏晉時代山濤的妻子，也是具有這種識人之明，故事是說，山濤自認為他和嵇康、阮籍是才幹、能力相當的好朋友，甚至認為當時能夠和他交友的，也只有這兩人，但是自視甚高的山濤，卻被他的妻子韓氏潑了冷水，因為當他的妻子看過嵇康、阮籍的面貌與舉止以後，直接向山濤說：「你遠遠不如他們。你能和他們交往，只是因為你的官位高、度量勉強還可以啊！」而山濤認為這兩位朋友總是稱讚他的度量、事事以他為主，所以仍然不服氣。《世說新語》的這則故事，是在說明山濤之妻獨到的慧眼，以及山濤不知自身才能有限，還自比與嵇康、阮籍同等之人。山濤的心態，正好犯下〈氾論〉這句話的缺失。

唐代杜光庭〈虬髯客傳〉中說：「紅拂女夜奔李靖，此乃慧眼識英雄也。」也是在說紅拂女的眼光獨特、能辨識英才，所以慧眼識英雄的「慧眼」，就這樣從佛家最初「指能看清一切真相的眼」，引申成具有敏銳的眼光，能真正賞識人才的意思。我們常說有眼不識泰山，沒有先見之明，也就不能洞燭先機、找到優秀的人才。無論是人才的埋沒，還是無法在團體中覓得人才，同樣都令人惋惜。

至賞不費，至刑不濫

名句的誕生

故至賞[1]不費，至刑[2]不濫。孔子誅少正卯而魯國之邪塞[3]；子產誅鄧析而鄭國之姦禁[4]。以近喻遠，以小知大也。故聖人守約而治廣者，此之謂也。

~淮南子・氾論

完全讀懂名句

1. 至賞：「賞」是獎賞、賞賜。「至賞」是指最高明的獎賞方式。
2. 至刑：「刑」是刑罰、懲罰。「至刑」是指最有效的懲罰方式。
3. 塞：制止、遏止。
4. 禁：禁絕、斷絕。

語譯：所以最高明的獎賞不耗費太多的財物，最有效的懲罰是不濫用刑罰。孔子誅殺少正卯而魯國的奸邪風氣便被堵住了；子產誅殺鄧析而鄭國的奸邪欺詐等活動就被禁絕了。他們都是利用近的事物來比喻遠的事物，根據小的事情來知道大的事情。因此，所謂的聖人持守簡約、卻能廣泛治理，說的就是這種情況。

名句的故事

〈氾論〉在這裡是談論君王的施政方式，並且具體說明該如何「賞罰有道」。它首先舉了四個例子：

春秋時代的趙襄子解除敵軍的包圍以後，把看似功勞不大、卻忠心耿耿的高赫，列為獎賞的第一人，這讓趙國無論上下尊卑，都願意忠於國君。齊威王指責一個奸詐狡猾的小官，並且烹殺他，從此齊國很長一段時間，人人路不拾遺。秦穆公的馬匹走失，尋獲時已經被鄉間老百姓宰殺，而且準備煮來食用，秦穆公擔心百姓食馬肉、沒喝酒會傷身，所以讓他們都喝了酒才離開，而這些食馬肉的三百多人，後來成為秦穆公遇難時，最拚命搶救他的一群人。齊桓公在出征之前，鎧甲和兵器不夠用，命令觸犯重罪的人，可以交出一副盔甲、一枚長戟來贖罪，犯小罪的根據輕重，拿出適量的金屬抵罪，有訴訟纏身的則是交出一束箭，百姓對於這樣的政令十分欣喜，都樂於以這種交換條件來幫助國君。

這四個例子就是〈氾論〉所謂：「古之善賞者，費少而勸眾；善罰者，刑省而奸禁；善予者，用約而為德；善取者，入多而無怨。」因為趙襄子用最少的獎賞，卻激勵很多人；齊威王用最少的刑罰，卻充分制止各種邪惡的行為；秦穆公用最簡單的付出，卻得到可貴的恩惠；齊桓公收了很多東西，卻沒有招致怨言。所以施政高明的國君，會針對事情的重點，並用最簡要、節省的獎賞或處罰，達到最大的效果。〈氾論〉最後會用「聖人守約而治廣」作為結論，說明聖君賢人總是能把握最簡約、切中要害的方式達到最廣泛的治國成效。

歷久彌新說名句

此名句用來提醒每一位執政者，高明的治國方式，是切中要領、一針見血，以最低的成本、最少的刑責，達到最大的成效。先秦許多法家學者，就十分重視這種施政手段，商鞅與他的學生編著的《商君書》提到：「夫明賞不費，明刑不戮，明教不變，而民知於民務，國無異俗。」認為高明的獎賞不會浪費錢財，高明的刑罰是不任意殺戮，高明的教育方式是不任意變更教育內容，如此一來，百姓自然會知道自己該做的事，而國家也不會出現偏離正道的風俗。這是說明無論賞賜、懲罰與教育，都必須精簡而且恰當得宜，與〈氾論〉所說的道理非常相近。

儒家學者也同樣重視這種施政原則，認為所謂的「利祿」，原本就是要支付給應得的士人，所以利祿必須一分一毫都不浪費的支付給應得的人。而《左傳》所提到的「施而不費」意思是加惠於人，自己又無所耗費；《論語》中提到的「因民之所利而利之，斯不亦惠而不費乎？」則是針對百姓的實際需要而給予適當的有利事物，這些都類似「至賞不費」的道理。

另外孔子的學生仲弓，詢問老師治國的方法，在孔子回答他的三種治國方針中，有一項就是赦小過，認為屬下偶有小過錯，應該從寬赦免。宋代的朱熹，也特別為「赦小過」補充說明：「大者於事或有所害，不得不懲；小者赦之，則刑不濫而人心悅矣。」認為太嚴重的過錯，對事情可能有害，所以不得不處罰；小過失對事情不會有太大的影響，可以免除原本刑罰，不濫用刑罰，可以讓人民心悅誠服。

天道無親，唯德是與

淮南子

100

矩不正，不可以為方；規不正，不可以為員

名句的誕生

矩[1]不正，不可以為方；規[2]不正，不可以為員。身者，事之規矩也，未聞枉己[3]而能正人[4]者也。

~淮南子・詮言

完全讀懂名句

1. 矩：矩尺，木匠量直角、畫方形的工具。
2. 規：圓規，畫圓形或弧線的工具。
3. 枉己：「枉」做動詞用，使彎曲、不直。「枉己」就是使自己不正直。
4. 正人：「正」是動詞，「正人」是指糾正別人，使別人的品行端正、正直。

語譯：矩尺不正，不能畫出方形；圓規不正，不能畫出圓形。自身就是處理事情時的圓規和方矩，從來沒有聽說過自己不端正，卻能使別人端正。

名句的故事

矩尺本身不標準，當然就不能畫出標準的方形；圓規本身不標準，當然也不能畫出標準的圓形。圓規、矩尺是畫圓、畫方的輔助工具，所謂「工欲善其事，必先利其器」，工具不標準或者規格不符，怎能繪製出完美的圖案？做任何事情也是如此，基本條件喪失了，如何期待最後的結果是令人滿意的？

一國之君本來就應該作為全國百姓的榜樣，〈詮言〉在說這句話之前，先引用了詹何的觀念：「未嘗聞身治而國亂者也，未嘗聞身

亂而國治者也。」這是春秋五霸之一的楚莊王詢問治國方法時，詹何回應他的話，詹何認為「治身」與「治國」其實是相通的，說法同於「矩不正，不可以為方；規不正，不可以為員。」

《淮南子》在治國理念上，強調先向內反省自己的行為，再向外要求別人，想法很開放、活潑，而且極具包容性，它雖然重視道家的修身治國之道，但是也能接納儒家的精神與思考模式。

歷久彌新說名句

《論語・子路》提到：「其身正，不令而行；其身不正，雖令不從。」說明一個人本身的行為端正，當他治理國家時，不需要發布命令，事情也行得通；若是本身行為不端正，即使嚴格執行法令，人民也不會聽從。〈顏淵〉則說：「子帥以正，孰敢不正？」認為統治者依循正道而行，人民自然會上行下效。

李商隱的詩作〈詠史〉也有：「歷覽前賢國與家，成由勤儉破由奢。」表面上是說，綜觀歷代聖賢治國、治家的經驗教訓，成功皆因勤儉，敗亡皆因奢侈；實際上也在暗指統治者的言行，深深影響國家的興衰。而明代王艮也說：「吾身是個矩，天下國家是個方。挈矩，則知方之不正，由矩之不正也。」這也是說明，先端正個人的言行舉止，才有能力判斷國家的前途，王艮已經把〈詮言〉所強調的「帝王之術」明確推展到一般官吏的方向。

所以〈詮言〉的「矩不正，不可以為方」不是只能針對治國，舉凡為官、為人長輩，甚至在今日的任何行業裡，都是在上位者必須具備的特質，都應該以這句話作為警惕，把它當作立身立言的基本要求。雖然我們只是平凡人，還是能善用〈詮言〉這句箴言，讓自己在一個團體中成為表率。

函牛之鼎沸而蠅蚋弗敢入，昆山之玉瑱而塵垢弗能汙也

名句的誕生

夫函牛之鼎[1]沸而蠅蚋[2]弗敢入，昆山之玉瑱[3]而塵垢弗能汙也。聖人無去之心而心無醜；無取之美而美不失。

～淮南子・詮言

完全讀懂名句

1. 函牛之鼎：「函」是包含、容納的意思；「鼎」是古代的烹飪器具。
2. 蠅蚋：蒼蠅、蚊子之類的飛蟲。
3. 昆山之玉瑱：「昆山」指崑崙山；瑱，通「縝」，縝密細緻。

語譯：能夠容納一頭牛的大鼎在沸騰時，蒼蠅、蚊子不敢飛進去；崑崙山出產的玉石，紋理綿密細緻，灰塵汙垢無法玷汙它。聖人的心中沒有去與取的念頭，就不會產生醜惡之心；聖人的審美沒有美醜好惡，內心的美善就不會消失。

名句的故事

〈詮言〉這句話主要是在描述道家修養身心的方法所能到達的境界。這句佳言想告訴讀者的是，如果能用正確的修養方式來調養心靈與身體，就能完全避免外界各種混濁、髒汙之物的侵襲。這裡所說的「蠅蚋」、「塵垢」，其實都是在比喻人類性格中的矯情、自私與欲望等缺失，以及人世間各種不好的事物；要避免這些不好的品行和事物，並不是努力去阻擋、抑制，而是本身要擁有某種特質或力量，

讓它們一開始就不打算靠近。

聖人本來就沒有邪念、嗜欲等醜惡的心思，而優良美善的德行，也是聖人所固有，所以不需要從內心丟棄任何東西，當然也毋需從外界掠取、獲得任何東西。換句話說，〈詮言〉理想中的聖人，是本身不存在醜惡之心，卻又能涵藏純淨聖潔的心靈，所以外界的一切好或壞，早就和他無關了！

〈詮言〉之所以會說這段話，是因為認為聲色欲望都是損害我們的污穢之物，對身心沒有好處，但也不要因此強行去制約人類喜好聲色美味、放縱私慾等心態，而是必須做到打從心底不存在愛惡喜怒的情緒，只要本身無欲無求，嗜欲便不會從心中主動萌生，當然就不需要日後耗費精神去根除。

歷久彌新說名句

函牛之鼎在中國文學中，常是用來比喻大而重的鼎。《後漢書・邊讓傳》記載東漢末年的蔡邕對大將軍何進說：「函牛之鼎以烹雞，多汁則淡而不可食，少汁則熬而不可熟。」意思是用很大的鼎來烹煮體積很小的雞，火候很難控制，不是煮過頭，就是煮不熟；這裡是借用「函牛之鼎」的體積龐大，對比身形很小的雞，以比喻邊讓有才，卻被大材小用了。時至今日，「牛鼎烹雞」已成為我們耳熟能詳的成語。

「玉」是中國人喜愛的礦石；「君子如玉」是許多歷代學者慣用的說法。《詩經》的「言念君子，溫其如玉」一句，原本是婦人形容丈夫溫和良善，就像溫潤的玉一樣，而後世學者常引申用來描述具備完美德行的君子。

秦漢時期，李斯的〈諫逐客書〉有：「今陛下致昆山之玉，有隨和之寶。」直接用崑崙山的美玉，比喻傑出的人才；西漢劉向的〈九歎〉有「端余行其如玉兮」一句，則是用玉石來比喻人格操守。到了清代，曾國藩在〈郭璧齋先生六十壽序〉寫道：「昆山之玉，鄧林之大木，生非不材也。」也是用崑崙山之玉、桃樹林的大樹，來比喻郭璧齋的德行與才能，藉以讚揚他的才德。

類似「昆山之玉瑱而塵垢弗能汙」利用玉石來描述天生麗質、外界力量不能汙損與侵害的例子不少，例如劉向的《說苑・反質》就記載孔子說：「白玉不彫，寶珠不飾，何也？質有餘者，不受飾也。」意思是說，白玉不用再度雕刻、珠寶不用額外裝飾，那是因為它們的質地完美無缺，不再需要外界的力量去加工或補強。但是，不管是哪一種譬喻，「玉」所代表的意義都是指德行完善、禮儀優雅的君子。

天道無親，唯德是與

名句的誕生

天道無親，唯德是與[1]。有道者，不失時與人[2]；無道者，失於時而取人[3]。

～淮南子·詮言

完全讀懂名句

1.唯德是與：「與」是交往、幫助、親近的意思。「是」是助詞，「唯德是與」是「唯與德」的倒裝句。

2.不失時與人：「時」是時機。「與人」就是給予別人、幫助別人。

3.取人：指向別人索取、求助。

語譯：天道不會偏袒、沒有私情，它只和「德」親近。有道之人，不會錯失時機而能幫助別人；無道之人，喪失時機而向人索取。

名句的故事

這句話算是〈詮言〉最後一節的首語，開始對整篇文章作總結。以「天道無親，唯德是與」為前提，說明「有道者不失時與人」而「無道者失於時而取人」；認為把握「道」的人，不會失去時運和機會，而無道之人往往錯失良機。更明白地說，《淮南子》作者是想告訴我們，把握「道」，就能掌握時機！

「不失時與人」和「失於時而取人」其實是「主動」與「被動」的分別，能夠獲得時機的人，就足以掌握事物的脈動與規則，處理事情時，必然可以取得先機；喪失時機的人，當然只能傻傻地等待別人的幫助、淪落到事事都得遷就於人，得不到主導權，只有受人控制、被人剝奪的地步。

「天道」只親近有德的人，修練德行的工夫不假外人，一切都要依靠自己；是否要親近「天道」也在於自己。一件事要圓滿成功，除了天時、地利、人和，最重要的還是自身的努力！

歷久彌新說名句

《國語・晉語》也說：「天道無親，唯德是授。」上天是公正無私的，當一個人思想專一、德行純淨，上天自然就會幫助他，甚至臨危授命，賦予他重要的任務。

劉向的《新序》曾提到戰國初年的楚惠王吞下飯菜中的水蛭一事，相傳楚惠王用膳時，發現菜裡有一水蛭，他依然故作鎮定吞下水蛭。之後，楚惠王出現腹痛，以致不能進食。大臣問他：「您最近是否誤食不該吃的東西嗎？」楚惠王想了想，說：「前幾天用膳時吞了水蛭。當時我想，如果我責備廚子，卻不定他們的罪，那麼就是廢棄法律、放棄威嚴。但若追究那些廚子，他們都要被殺頭定罪，我又於心不忍。因為擔心水蛭留在盤中會被發現，於是便把水蛭吞了。」當天晚上，惠王服了藥，水蛭排泄出來，久患的心腹脹痛的毛病也消失了。大臣令尹得知這件事，對楚惠王祝賀道：「臣聞大道無親，惟德是輔。君有仁德，天之所奉也，病不為傷。」認為惠王有這種仁慈心腸與高尚德行，上天一定會幫助他，就連身上原本的病痛也會因此痊癒。這個故事雖然有點荒謬，不過主要的目的是想把「大道無親，惟德是輔」的意義，從個人修養運用到君王治國的方面。

到了唐代，陳子昂的〈梓州射洪縣武東山故居士陳君碑〉說：「嗟爾百代，子子孫孫。驕奢自咎，天道無親。思我松柏，恭儉是遵。」則是在警告子孫，上天不會偏袒任何人，若是驕奢無度，一定會自討苦吃，必須把恭敬、節儉當作平日遵循的做人原則，才能得到上天的厚愛。

善守者無與禦，而善戰者無與鬥

名句的誕生

善守者無與禦[1]，而善戰者無與鬥。明於禁舍開塞[2]之道，乘時勢，因民欲而取天下。

~淮南子・兵略

完全讀懂名句

1. 無與禦：「禦」是抵擋的意思，無與禦就是不用抵禦、抵抗。
2. 禁舍開塞：「禁舍」是制止與寬恕，「開塞」是開通與阻塞。

語譯：善於防守的人不需要抵抗，善於打仗的人不需要戰鬥。只要瞭解制止、寬恕、開通、阻塞的治國之道，運用時勢，順應百姓的願望，便能取得天下。

名句的故事

此佳句的原型出自於《孫子兵法・軍形》所提到的「善守者，藏於九地之下；善攻者，動於九天之上。故能自保而全勝也。」意思是善於防守的人懂得隱藏實力於深不可測之處，而善於攻擊的人其部隊的調動機警敏捷，使敵人防不勝防；所以能保全自己而贏得勝利，不戰而屈人之兵。

但是《淮南子》認為「不戰而屈人之兵」是另有更高的境界。文中提到周武王討伐紂王時，出現了歲星，「歲星出而授殷人其柄」，歲星出現對周人不利，好像要助紂王一臂之力。雖然如此，然而姜子牙輔佐周朝是從「修德」做起，也就是凝聚天下民心，使其歸順周朝。縱使周武王面臨狂風暴雨、山崩洪洩的不利局勢，但在民心的推波助瀾之下，周朝終究是「白刃不畢拔而天下得矣」，將士還尚未完全拔出刀劍，天下就已歸周武王所有。

換句話說，善守者之所以「無與禦」、善戰者之所以「無與鬥」，究其因，乃在於「得民心者得天下」。

歷久彌新說名句

歷史上有許多「不戰而屈人之兵」的精彩故事。北魏時期，北方有個少數民族叫做柔然，常常侵犯北魏的疆界。有一回，北魏大臣元禎帶著少數隨從到邊防偵查地形，不巧遇到柔然的大批軍隊，這是一個敵眾我寡的局面，但元禎相當機敏，他命令隨從和他一起下馬在山野中走動，一副閒晃的樣子。柔然人見狀，以為附近有更多北魏的軍隊埋伏，因此不敢輕舉妄動，隨即決定避走。

《三國演義》的「空城計」也是不戰而屈人之兵的典範。故事中，諸葛亮駐軍西城，城中僅有二千餘的士兵，不料司馬懿突然率領十五萬大軍兵臨西城之下，諸葛亮心生一計，下令大家把所有的旗幟都收起來，讓士兵扮起老百姓大開城門灑掃。而諸葛亮則是笑容可掬地坐在城樓上彈琴飲酒。司馬懿生性多疑，看到這般場景覺得事必有詐，當下決定魏軍後退數十里，此時諸葛亮早已派人去搬救兵。因此，當司馬懿終於弄清楚西城真的是一座空城，而再次出兵進攻時，蜀漢大將趙雲早已帶著援兵趕至西城，司馬懿只好下令收兵。

諸葛亮與元禎是善守者、也是善戰者，因為善守與善戰其實是一體兩面，兩者都是「不戰而屈人之兵」的實踐範例。

全兵先勝而後戰，敗兵先戰而後求勝

名句的誕生

故全兵先勝而後戰，敗兵先戰而後求勝。德均[1]則眾者勝寡，力敵[2]則智者勝愚，智侔[3]則有數者[4]禽無數。

～淮南子・兵略

完全讀懂名句

1. 德均：恩德廣被平等。
2. 力敵：雙方的戰力都很相當。
3. 智侔：「侔」，音ㄇㄡˊ，相等；智侔就是智慧相等。
4. 有數者：數，通「術」，這裡指的是戰術；有數者，指的是懂得戰略、戰術的人。

語譯：勝利之師總是在各項客觀環境條件勝過對方之後才開戰，而敗軍則是完全訴諸武力以求獲勝。若交戰雙方皆行德政且政績相同，這時人多的能戰勝人少的；而雙方的兵力相等時，有智謀的能戰勝愚昧的；若雙方主帥智謀相似，這時懂戰略的能戰勝不懂戰略的。

名句的故事

本句名言其實是出自《孫子兵法》勝兵與敗兵的觀念，所謂：「勝兵先勝而後戰，敗兵先戰而後求勝。」曹操在其《孫子略解》上評論說，勝兵與敗兵就是「有謀」與「無慮」的差別。勝兵要掌握致勝的謀略，而這謀略就是修治「先為不可勝」之道，創造能夠致勝的條件，造就能夠左右戰局勝敗的主導權，然後再與敵人決戰。因為打仗不只是武器的攻防，還包括策略、智慧、民心、軍心、物資補給等；敗兵之所以敗，就是忽略了「先為不可勝」之道。

《淮南子》以商湯與智伯為例。「湯之地方七十里而王者，修德也」，商湯有實力能以小搏大，在於有了賢臣伊尹的輔佐，以及他寬厚仁愛的性格，創造了穩定的政局、安定的社會，並贏得民望，才能從七十里地的基礎出發，進而獲得天下；春秋末晉國大夫智伯，是當時晉國的四卿之一，他雖具才幹，但個性貪婪、剛愎自用，他挾著軍功，掌握政治大權之後，開始蠶食其他諸侯的土地，並且不斷挑起國內的戰端，導致百姓出現「易子而食」的慘劇，其所作所為就是「敗兵」的先兆，後來終演變成「有千里之地而亡者」。

歷久彌新說名句

綜觀歷史上「全兵先勝而後戰」的最佳實踐者，莫過於唐太宗李世民。突厥是隋唐時期是對漢民族造成強大威脅的北方外患，唐太宗即位之初，突厥頡利可汗帶著大軍直逼長安。為了穩固政局，唐太宗不得不親自前往渭水與頡利對話，還帶了不少的財物餽贈。這個恥辱唐太宗謹記在心，日後展開了一連串反攻突厥的準備。

首先，實行兵農合一的府兵制，以確保兵源並發展農業，以充足的糧食作為後援，而且在武器配備上進行改良，讓士兵們能在沙漠中追擊突厥。穩定政局方面，李世民保護功臣，也重用過去政敵的舊部屬，例如王珪和魏徵等人，以安定人心。李世民對內勵精圖治，使唐代初期的社會逐漸繁榮富庶，終於獲得大敗東突厥、俘虜頡利可汗的輝煌戰績。

反觀頡利可汗的行徑，真是「敗兵先戰而後求敗」的寫照。東突厥在貞觀元年起，便連年遇大雪，草原荒蕪，飢荒不斷，但是頡利可汗仍不斷開啟與唐朝之間的戰端，想藉由掠奪物資來解決部族的困境，造成麾下的部族叛離。一個沒有物資、失去軍心的統帥，還能做甚麼呢？唯有兵敗而已。

運籌於廟堂之上，而決勝乎千里之外

名句的誕生

凡用兵者，必先自廟戰[1]：主孰賢？將孰能？民孰附？國孰治？蓄積[2]孰多？士卒孰精？甲兵[3]孰利？器備孰便？故運籌於廟堂之上，而決勝乎千里之外矣。

～淮南子・兵略

完全讀懂名句

1. 廟戰：廟就是廟堂，朝廷的意思；本句係指在朝廷上擬定作戰方案。
2. 蓄積：所儲存的糧食與物資。
3. 甲兵：這裡指打仗用的兵器。

語譯：舉凡作戰派兵，一定先在朝廷上規畫好作戰方案：要弄清楚哪一方的君主賢明？哪一方的將領比較能幹？哪一方的人民齊心協力？哪一方的政權比較穩定？哪一方的儲備的物資比較充足？哪一方的士兵比較精悍？哪一方的兵器比較精銳？哪一方的裝備比較完善？所以在朝廷上先將戰事規畫好，便可以決定軍隊在千里戰場外的勝負。

名句的故事

《孫子兵法》說：「夫未戰而廟算勝者，得算多也；未戰而廟算不勝者，得算少也。」意思是說，未開戰之前能夠先在朝廷上算出戰勝條件者，得勝機率就比較高；如果無法在朝廷上先算出戰勝條件者，得勝的機率就比較低。

春秋時代，晉楚的「城濮之戰」是奠定晉文公稱霸的重要戰役。《左傳》對這場戰役有生動的描述。面對強大的楚國，晉文公在開戰之前，晉國君臣對於敵我雙方的各種作戰條件，十分謹慎的分析和規畫。晉國大將狐偃針對楚國與曹國、衛國的三方的利害關係，作出比較，建議晉文公先處理曹、衛兩國，以取得作戰優勢；另一大將先軫則提議讓同盟的宋國先去賄賂秦、齊兩國，晉國則同時去攻打曹、衛兩國，雙管齊下激怒楚國，楚國勢必會堅持開戰，到時候就能將齊、秦兩國拉入這場戰局，晉國就有獲勝的機會。

由於戰前先將戰爭的有利與不利條件分析得很清楚，晉國果真在城濮之戰獲得空前勝利，亦鞏固了晉文公的春秋霸主地位。這便是《淮南子》所謂的「運籌於廟堂之上，而決勝乎千里之外」。

歷久彌新說名句

漢高祖劉邦在垓下一戰打敗西楚霸王項羽後，天下底定，很多大臣都歸功於劉邦的領導。但是劉邦搖搖頭說：「夫運籌策帷帳之中，決勝於千里之外，吾不如子房。」意即，能夠在軍帳裡策畫謀略、以獲取千里外戰場上的勝利，這一點他比不上張良。換句話說，劉邦認為自己是因為懂得重用張良這種人才，才可以獲得天下。

明代小說家羅貫中則將這句話拿來形容諸葛亮的足智多謀。話說曹操的大將夏侯惇，帶領十萬兵士前往新野，準備要活捉劉備。劉備則將劍印交給孔明，打算倚賴孔明的智慧對抗這場戰爭。只見孔明發號施令、調兵遣將、細細布局。關羽聽完之後便問孔明：「我們都出城迎戰敵人，請問軍師您呢？」孔明回答說：「我就坐守縣城。」這句話讓張飛好不生氣！孔明又說：「劍印在此，違令者斬！」劉備看到這種場景便說：「豈不聞運籌帷幄之中，決勝千里之外？」

果真，孔明交出「火燒新野」的漂亮成績，夏侯惇等曹軍被燒得人仰馬翻、棄甲而逃。關羽、張飛打勝仗回來後，見到孔明，立刻下馬作揖拜服不已，從此對孔明言聽計從。

水激則悍，矢激則遠

名句的誕生

夫以巨斧擊桐薪[1]，不待利時良日[2]而後破之。加巨斧於桐薪之上，而無人力之奉，雖順招搖[3]，挾刑德[4]，而弗能破者，以其無勢也。故水激則悍，矢激則遠。

～淮南子・兵略

完全讀懂名句

1. 桐薪：原指桐木枝，引申為小樹枝，藉以與巨斧做對比。
2. 利時良日：就是吉時吉日的意思。
3. 招搖：星名，在北斗杓的尖端，是北斗星的第七星。
4. 挾刑德：刑是指十二個時辰，德是指十日，挾是佔有，挾刑德就是經過許多時日。

語譯：如果用斧頭去砍小樹枝，不用選什麼好日子就可以把它劈開了。如果只是將斧頭放在樹枝上，卻不用任何力氣，即使是良辰吉日，北斗星柄指向吉日良辰，並且占有陰陽刑德變化的有利條件，還是不能砍斷劈開，這是因為不用力氣的斧頭沒有砍伐力。所以水流激蕩就兇猛有力、箭被激發就可使射程遠廣。

名句的故事

這句名句最早出自《呂氏春秋》。

《呂氏春秋・去宥》記載楚威王向大臣沈尹華學習古代典籍裡的道理，另一大臣昭釐對此感到嫉妒。有個訂定法制的中謝官，便替昭釐出面，跑去告訴楚威王說：「大家都說您是沈尹華的弟子。」楚威王聽後，自然很不高興，因此逐漸疏遠沈尹華。

「中謝官」不過是個地位低下的近臣，然而他說一句話，就可以讓楚威王發怒而放棄學習聖賢的治國道理，讓精通文獻的人不能被重用，讓小人昭釐的詭計可以得逞。《呂氏春秋》便評論說：「夫激矢則遠，激水則旱（悍），激主則悖，悖則無君子矣。夫不可激者，其唯先有度。」意思是說，飛箭跟水流一樣，只要受到刺激，就會有想像不到的爆發力，而激怒君王也是一樣，會讓君王違背該遵循的道理，那就不會有君子來輔佐君王了；所以不可能被激怒的，大概只有心中早有準則的君主了。

歷久彌新說名句

《後漢書》記載，馮衍九歲能誦《詩經》，二十歲通曉群書，因此王莽政權確立後，很多人都向王莽舉薦馮衍，但是馮衍都推辭不就。後來漢光武帝繼位，馮衍也未受到漢光武帝的重用，但當時的外戚陰興、陰就，相當敬重馮衍的才華，聘請馮衍為司隸從事。馮衍為此寫了一篇〈與陰就書〉，感謝陰就的提拔。

馮衍這樣寫道：「水不激不能破舟，矢不激不能飲羽。」這句話比起「水激則悍，矢激則遠」，多用了否定詞來加強力度與流暢度。所謂的「飲羽」是形容射箭的力道很強。意思是說，水流如果不夠激盪有力、就無法衝破船舟；箭如果沒有受到激發、就無法射得很遠；馮衍感激陰就給他一個新的激發點。

《楊子法言》亦有一則故事。有人問楊子，為什麼君子一說話就能夠很有條理和文采，做起事來莊重、有品德？楊子回答：「以其弸中而彪外也。般之揮斤，羿之激矢。」這是因為君子的美德本來就存在他的人格特質中，因此言行舉止便會自然顯露出來，就好像巧匠公輸般揮動斧頭就可以準確做出精品，后羿射箭可以百發百中。換言之，君子說話一次就可以切中主題，做事一定合乎規矩，這都是內在修行而成的。

左青龍，右白虎，前朱雀，後玄武

名句的誕生

所謂天數[1]者，左青龍[2]，右白虎[3]，前朱雀[4]，後玄武[5]。

～淮南子・兵略

完全讀懂名句

1. 天數：天文星象。
2. 青龍：星座名。二十八星宿中東方七宿的合稱。
3. 白虎：星宿名，西方七宿奎、婁、胃、昴、畢、觜、參的總稱。
4. 朱雀：星座名。二十八星宿中南方七宿的總稱。
5. 玄武：星座名，由位於北方的斗、牛、女、虛、危、室、壁等七宿組成。

語譯：所謂天數是指二十八宿的東方青龍，西方白虎，南方朱雀，北方玄武的天體運行規律。

名句的故事

古代人們把天空分為四個部分，即東、西、南、北，並藉由每部分的主要星宿所連結成的形象，分別以青龍、白虎、朱雀、玄武為名，這四者又被人們視為鎮守天官的四位神靈。

《三輔黃圖》記載：「蒼龍、白虎、朱雀、玄武，天之四靈，以正四方，王者制宮闕殿閣取法焉。」這裡的蒼龍就是青龍。天子就是上天的兒子，因此古代君王在建制宮殿時，都會將這四位神靈的圖案放入各類的設計中，以示護衛宮闕的意思。

這四個天數從自然的位置，被注入神格，繼而也被注入人格的元素，例如《梅花易數》再多添加兩個星宿，變成所謂的六神，即：「六神者，青龍，朱雀，騰蛇，玄武，勾陳，白虎之形。」這六個元素開始對人間事務產生影響，有所謂的「青龍主喜事，白虎主喪災，朱雀主官司，勾陳主留連，騰蛇主妖怪，玄武主盜賊」等說法，不論這其中轉變的合理性，由此可見老祖宗豐富中華文化內容度的智慧。

歷久彌新說名句

青龍、白虎、朱雀、玄武，不僅是古人辨別天候與方向的指標，更被運用到軍隊的管理與作戰計畫。《吳子・治兵》記載，武侯向吳起請教軍隊行進和停止的規則。吳起指出，駐紮的軍隊不可以對著大山的谷口、不可以盤據在大山的山頂，而且「必左青龍，右白虎，前朱雀，後玄武，招搖在上，從事於下」；駐紮的左軍必須豎青龍旗、右軍豎白虎旗、前軍豎朱雀旗、後軍豎玄武旗，招搖旗則要高高豎在中軍，各部隊依據旗幟的變化來行事。

《六韜》亦記載，姜太公會在月黑風高的夜晚，派遣前哨兵向敵方呼喊，進而驚擾他們，然後利用一種特殊的律管聆聽敵營的動靜，這時會有來自敵營的回聲傳至律管內，他便透過律管傳出的宮、商、角、徵、羽等五音變化，來指揮軍隊的行進。

「角聲應管，當以白虎。徵聲應管，當以玄武。商聲應管，當以朱雀，羽聲應管，當以勾陳。五管聲盡不應者，宮也，當以青龍。」意思是若律管傳出的是角聲，就從西方攻打敵人；若是徵聲，就從北方攻打敵人；若是商聲，就從南邊攻打敵人；若是羽聲，就從中央勾陳的方位攻打敵人；當所有律管都沒有回聲，則是宮聲的反應，那就從東邊攻打敵人。姜太公領兵作戰的智慧，足見於此。

人不小學，不大迷；不小慧，不大愚

名句的誕生

人不小學[1]，不大迷；不小慧，不大愚。人莫鑒於沫雨[2]，而鑒於澄水者，以[3]其休止不蕩也。

～淮南子・說山

完全讀懂名句

1.學：知曉、明瞭。

2.沫雨：雨水匯聚時所形成的浮沫。

3.以：因為的意思。

語譯：一個人不在小處上精明，自然不會在大處上迷糊；一個人不在小地方聰慧，自然不會在大處愚鈍。人是不會以起泡的積雨水面來做鏡子，而是用澄清的水面來映照，這是因為清澈的河水才是靜止不動的。

名句的故事

《論語・子路》記載，子夏擔任莒父的總管，所以請教孔子如何辦理政事，孔子回答：「見小利，則大事不成。」貪求小利就做不成大事，也就是不要計較於做好小事情所得的回報。

一個人面對小事與大事時，要懂得取捨，如果在日常瑣事錙銖必較，緊要關頭反倒會喪失該有的判斷能力；因為在小處耗費過多的心思，會窄化自己的視野與胸襟，遇到大事就沒有足夠的能力去面對大問題。

在《論語・衛靈公》孔子曾說過：「君子不可小知而可大受也，小人不可大受而可小知也。」意思是君子不應該去做小事，但是要讓他們承擔重大的任務；小人無法承擔重責大任，但可以讓他們做些小事。因為君子與小人的基本差別就在於面對事務的氣度與胸襟。

歷久彌新說名句

《史記．項羽本紀》記載，劉邦比項羽先進入函谷關、占據咸陽，使得項羽大怒，擺下鴻門宴款待劉邦，在宴席上項莊舞劍，不時找機會刺殺劉邦。劉邦憑藉張良與樊噲的機智，突出重圍，老實的劉邦居然還想著忘了向項羽道別，樊噲便對劉邦說：「大行不顧細謹，大禮不辭小讓。」做大事不必顧及小節，講大節無須迴避小責，意即劉邦不必太拘於一般禮俗，畢竟他要爭的是天下。

《宋史．呂端》記載，宋太宗想立呂端為宰相，但有人上表說：「呂端為人糊塗。」宋太宗反而回答：「呂端小事糊塗，大事不糊塗。」也就是說，宋太宗很清楚呂端知道何事可以糊塗，何事不可以糊塗，呂端也就此當上宰相。呂端認為「風言風語不足畏」，所以從不在意他人的誤會與中傷，在生活中也「輕財好施」；然而在朝堂上，呂端多次為宋太宗解決軍國大事，處處顧全大局，因此得到太宗、真宗父子的信任。

反觀宋徽宗，曾在御花園的宣和殿前，看到百花盛開、萬紫千紅，迎面來了一隻孔雀，只見孔雀抬腳踏上湖邊的一塊石頭上。宋徽宗覺得這幅景象太美麗，因此下召畫院的畫家們把這幅景象畫下。畫作完成後，宋徽宗卻不滿意每一幅畫，他說：「孔雀登高，必先舉左腿。」而畫家們畫的都是抬右腳。誰會想到一個皇帝可以觀察自然如此細微呢？這或許也是宋徽宗在國家大事上昏庸無能，在藝術創作上卻具備極高才華的緣故吧！

良醫者，常治無病之病，故無病

名句的誕生

良醫者，常治無病之病[1]，故無病。聖人者，常治無患之患[2]，故無患也。

～淮南子・說山

完全讀懂名句

1. 無病之病：尚未顯露出症狀的疾病。
2. 無患之患：尚未顯露出症狀的禍患。

語譯：好的醫生總在病徵尚未顯露時，便先行察覺並醫好它，所以能使患者無病；聖人總能在禍患尚未顯露時及時整治，所以社會能夠安樂無患。

名句的故事

《淮南子》此佳句源於古籍《鶡冠子》，此書記載一則將治國比喻為施展醫術的故事。趙悼襄王向龐煖請教治國的方法，龐煖便為他描述一場魏文侯與扁鵲之間的對話。

魏文侯問扁鵲說：「你們兄弟三人誰的醫術最高明？」扁鵲說：「我大哥最好，二哥次之，而我是最差的。」魏文侯又問：「那為什麼大家都說你是神醫呢？」扁鵲說：「我大哥能查覺尚未成形的疾病，在疾病發生前就把它除去了，因此他的名氣只有家人知道。而我二哥治病，是在疾病最初有徵兆時，就把它根治，因此他的名聲只限家族之內。至於我，用針灸、藥物，甚至是開刀來治病，病人被我治好了，我也就出名了，因此大家才以為我的醫術最高明。」龐煖巧妙地以醫術的高明譬喻治國的層次。最高明的君主能做到防微杜漸，就像最高明的醫生可以「治無病之病」；次等的君主只要遇到很小的問題，便能及時處理好，就像次等的醫生可避免疾病擴大；而普通君王治國則用刑罰，就好像扁鵲針對病患的問題開藥方，只懂得針對問題解決。龐煖最後勉勵趙王「良醫化之，拙醫敗之」，高明的醫生懂得根治疾病，庸醫只能解除病痛；若等到病情嚴重才去醫治，即使痊癒，病人的身心也受過傷害了。治理國家更是應該「治無患之患」。

歷久彌新說名句

「常治無病之病」就是要提醒大家「防微杜漸」，不要忽略小小的徵兆，要在造成不良影響之前，加以防止、杜絕發展，才能常保安然無虞。西漢宣帝時，丞相霍光專權，造成霍氏一族橫行朝野，無人敢糾舉霍氏惡行，只有一位茂陵的徐姓小官上書三次極言霍氏之惡，但是都不受宣帝重視。直到霍光死後，朝野才紛紛上書彈劾霍氏一族，霍氏因此失勢、滿門抄斬；事後，那些舉發霍氏的官員都被封官升職，唯獨茂陵徐生無人聞問。有人看不過去，於是上書宣帝，跟宣帝說了一個故事：

從前有一個人去朋友家裡做客，發現主人的家把煙囪砌成直的，還正對著旁邊的柴草。客人就建議主人把煙囪砌成彎的，並且搬離柴火，才不會失火，但是主人不聽。不久這戶人家果然失火了，鄰居們趕來救火。主人在感激之餘，特地請大家喝酒吃肉，還按照救火的功勞安排座位。有人便提醒主人說：「當初如果你聽進你的朋友的規勸，今天就不用請客了。」主人這才恍然大悟，馬上邀請那位朋友，還讓他坐了首席。宣帝看完之後，馬上想起那位在事前就不斷提醒他霍氏干政之亂的茂陵小官，立即加封徐生，並賜絹帛十疋，以表感謝之意。這個故事就是成語「曲突徙薪」的典故由來，其意義與「治無病之病」相同，是極言防微杜漸的重要性。

百人抗浮，不若一人挈而趨

名句的誕生

百人抗浮[1]，不若一人挈[2]而趨。物固有眾而不若少者，引[3]車者二，而六後之。事固有相待而成者。

～淮南子・說山

完全讀懂名句

1. 抗浮：抗是舉起，浮是指瓠，抗浮就是舉起瓠子。
2. 挈：提著。
3. 引：拉的意思。

語譯：上百人舉著一支瓠子，還不如讓一個人拿著它走。事情本來就是太多人做不如少一點人做比較好。兩組人拉車，有較多人拉車的反而落在較少人拉車的後面。事情本來就是互相配合才能完成的。

名句的故事

這句名言說的是分工，什麼事情應該群體合作、什麼事情該可以專一負責的道理。《尚書》記載：「六卿分職，各率其屬，以倡九牧，阜成兆民。」六卿負責將政事分設不同的職務，各自去統率他們的部屬，用以帶領國家各地方首長來做事，如此才能安定天下百姓。

戰國的法家學者申不害說：「明君如身，臣如手；君若號，臣如響；君設其本，臣操其末；君治其要，臣行其詳；君操其柄，臣事其常。」意思是說：君主如同身體，臣僚如同雙手；君主好比號角，眾臣好比號角發出的聲響；君主要建立根本的治國道理，眾臣負責實施道理的規則；君主負責治理事務的策略，大臣落實具體的事務內容；君主掌握大權，眾臣則從事日常工作。

策略由君主來擔任，執行的部分就讓大臣之間互相合作與制衡。《管子》便說：「明主者，有術數而不可欺也，審於法禁而不可犯也；察於分職而不可亂也，故羣臣不敢行其私。」英明的君主應該要掌握策略，才不會被欺瞞，明確法制禁令而不能侵犯，分清上下職事而不容顛倒混亂。

歷久彌新說名句

《後漢書》記載，東漢末年的政論家仲長統認為，漢光武帝因為痛恨權臣剝奪皇帝的權力，因此不願意充分授權給大臣，縱使有宰相三公，也是形同虛設；結果宰相的權力逐漸轉移到皇帝信任的外戚、太監身上，朝廷上下都是自己人，這就是國家亂源的開始。因此仲長統提出：「任一人則政專，任數人則相倚。政專則和諧，相依則違戾。」一種職務委任給一個人處理，政事便有專人來負責；一種職事分給許多人去執行，就容易互相推託；政事有專人負責，則事事都能和諧，多人互相推託工作，就會出現互相違背、離間的狀況。

三國的夏侯玄亦曾針對曹魏選官用人的弊端，提出建言。夏侯玄指出，任用人才原本是尚書台的職責，目的在於公正、公平，但卻有越來越多關說之事的發生，這是因為朝廷並沒有把尚書台視為唯一任用人才的途徑，所以一般人也可以干預朝廷授官。夏侯玄認為：「機權多門，是紛亂之原也。」政事權力如果同時屬於多個部門，即會造成內政紛亂。

不管是多少人做事情，都應該要有上下游的觀念，前一手做得好，後面的人才接得順手；一個人做事就要有責任感，多人共同做事就要有團體精神，這樣事事才能順利。

眾議成林，無翼而飛；三人成虎，一里能撓椎

名句的誕生

眾議成林，無翼而飛；三人成虎，一里能撓椎[1]。

～淮南子・說山

完全讀懂名句

1. 撓椎：撓是彎曲，椎通「槌」字，指鐵槌；撓椎就是把鐵鎚弄彎。

語譯：眾人的議論可以使平地變成樹林，可以讓沒有翅膀的東西飛起來；只要有三個人胡亂謠傳，就可以使人相信街上真的有老虎行走；如果有一整個村子的人來傳播，就足以使人相信真的有人可以把鐵鎚弄彎。

名句的故事

這句名言中有三句成語即「眾議成林」、「無翼而飛」、「三人成虎」。根據《管子》記載：「無翼而飛者，聲也。」沒有翅膀也能飛的東西，就是聲音。而管仲當初說出這話的意思，目的在於勸戒齊桓公，作為一國的君王，說出去的話會對整個國家百姓產生巨大影響，因此務必謹言慎行。

此句話的原型是出自《戰國策》。話說魏國大臣龐蔥要跟著魏王的一個兒子到趙國當人質。龐蔥擔心自己離開魏國後，會有人藉機陷害他，因此臨行前對魏王說了「三人成虎」的故事。龐蔥告訴魏王，如果一個人跑來告訴他街上有老虎，他不會相信；如果有兩個人

來說，他可能會半信半疑；但是如果同時有三個人告訴他，那他就會相信街上真的出現老虎了。

龐蔥感嘆地說：「我們都知道老虎是不會跑到大街上的，只因為有三個人這樣講，聽的人就信以為真。趙國的都城邯鄲離魏國這麼遠，而會在背後議論我的人，可能還不只三人。」魏王雖然聽懂龐蔥的意思，但是龐蔥走後沒幾日，魏王的耳朵還是聽進眾臣對龐蔥的毀謗。後來龐蔥回到魏國，魏王就不願再見到他了，足以見得謠言惑眾之可怕。

歷久彌新說名句

「無翼而飛」有個差一字的成語「不翼而飛」，但是意思卻不太一樣。不翼而飛是形容東西無緣無故不見了；無翼而飛則是形容事務不用推行，就可以迅速傳遞出去，這又跟「不脛而走」有點相似。「不脛而走」從字面上來看，就是指不用腿也能去，比喻事物不用推廣，也能迅速傳播。

春秋時代，晉平公有一次在湖上遊船時，感嘆自己為何無法獲得賢才。船夫盍胥勸誡說：「主君亦不好士耳！夫珠出於江海，玉出於昆山，無足而至者，猶主君之好也。士有足而不至者，蓋主君無好士之意耳，無患乎無士也。」意思是說，海裡的珍珠和山裡的玉石都沒有腳，卻都會來到晉平公身邊，這是因為晉平公喜歡它們，而賢士有腳卻不會走到晉平公的身邊，這是因為晉平公不喜歡他們。後人便用盍胥所指的「無足而至」，引申為「不脛而走」這句成語。

得萬人之兵，不如聞一言之當

名句的誕生

得萬人之兵，不如聞一言之當；得隋侯1之珠，不若得事之所由；得咼氏2之璧，不若得事之所適。

～淮南子・說山

完全讀懂名句

1. 隋侯：人名，西周時代被封於隋地的諸侯。
2. 咼氏：咼，音ㄎㄨㄞ；人名，指的就是和氏。

語譯：獲得上萬人的軍隊，還不如聽到一句正確的話；獲得隋侯之珠，還不如了解「隋侯之珠」一事是如何發生的；獲得和氏之璧，還不如用對方法處理事情。

名句的故事

這句名言所引用的例證是「隋侯之珠」與「和氏之璧」，這兩件物品都是春秋時代難得一見的珍寶。

話說隋侯在郊外看見一條大蛇傷得非常嚴重，隋侯立即將大蛇捧回家中，為牠包紮傷口。過了數天，大蛇的傷口逐漸癒合，隋侯便將之放回郊外去。過了一年，大蛇口裡銜著一顆碩大的珍珠送給隋侯，以報答其救命之恩。據說，這顆珍珠純白亮潔，夜晚會大放光明，照亮整個房間，世人稱之為「隋侯珠」。隋侯能得珠完全是他的善因所致。

而「和氏璧」的出現則是一個悲慘的故事。春秋末年有個楚國人卞和，他無意間發現了一塊未經雕琢的璞玉，於是捧著它先後獻給楚國的厲王與武王。孰料，楚王的玉匠都認定這只是一塊普通的石頭，厲王認為卞和在戲弄他，於砍了卞和的左腳。厲王死後，武王即位，同樣的故事再度上演，武王也砍了卞和的右腳。武王死後，文王登位，卞和抱著那塊璞玉在山腳下放聲大哭數天。文王聽到這個消息之後，便派人去問卞和，為什麼哭得這麼悲傷。卞和說：「我不是為了我的雙腳而悲傷，我難過的是寶玉被當作石頭，而一個誠實的人被當成騙子呀！」文王便叫玉匠雕琢那塊璞玉，果然因此獲得一塊稀世寶玉，於是命名為「和氏璧」。《淮南子》認為卞和的遭遇全是因玉匠有眼不識泰山之緣故。

歷久彌新說名句

《莊子・讓王》另有記載：「以隋侯之珠，彈千仞之雀，世必笑之。是何也？則其所用者重，而所要者輕也。」用一顆夜明珠去彈射飛得很高的麻雀，一定會被人家取笑，因為用的工具太貴重，所得的收穫太微小。後人便以「隋珠彈雀」比喻得不償失，或是大材小用。

換句話說，面對一個目標，就要弄清楚達到目標的方法，還要選對匹配的工具；因此，做事要有重點、要有針對性，要懂得「有的放矢」。「有的放矢」的典故出自宋朝的葉適，他在《水心別集》說：「論立於此，若射之有的也，或百步之外，或五十步之外，的必先立，然後扶弓注矢以從之。」意即論點要站得住腳，就好像射箭要對中靶心，不論是站在百步的距離、還是五十步的距離，都要先將靶心放好，然後拿起弓箭對準來發射。

「有的放矢」和本句名言恰有異曲同工之妙。事實上，縱然手握「萬人之兵」，還不見得能打勝仗，「不如聞一言之當」，針對好的目標，並且用對正確的戰略，才能解決問題呀！

烹牛而不鹽，敗所為也

名句的誕生

遺[1]人馬而解其羈[2]，遺人車而稅[3]其轙[4]。所愛者少，而所亡者多，故里人諺曰：「烹牛而不鹽，敗所為也。」

~淮南子・說山

完全讀懂名句

1. 遺：音ㄎㄨㄟˋ，同「饋」，贈送。
2. 羈：套住馬口的嘴套。
3. 稅：解脫。
4. 轙：音ㄧˇ，車衡上貫穿轡繩的大環。

語譯：送馬給人卻又解下馬的嘴套，送車給人卻又拆下穿轡繩的環子，這車子和馬匹都送給人了，又何必捨不得嘴套和轡繩這類的小東西呢？所以鄉里人有一句諺語說：「烹煮牛肉卻捨不得放鹽，這等於是糟蹋牛肉。」

名句的故事

〈說山〉主要是用各種譬喻來說明君王在治人時所應該注意的事項。「烹牛而不鹽，敗所為也」就是假借烹煮食物的道理，來譬喻君王在國政上的「因小失大」。

《呂氏春秋》有一則故事。戰國時代燕國的將領樂毅率領燕、秦、韓、魏、趙五國軍隊攻打齊國。齊王派觸子領軍迎戰。一國要和五國對抗，實在難有勝算，勉強出戰的觸子打了敗仗，逃得無影無蹤。

齊王雖然生氣，也只能派另一個將領達子，領著殘兵弱將駐守在城門口。為了激勵士兵作戰的勇氣，達子請求齊王發放賞金，齊王居然大罵：「這些殘兵敗將，怎麼有資格領賞？」齊軍的士氣因此受到空前的挫折，達子領兵與敵軍交戰時，齊兵不僅潰不成軍，達子也戰死沙場，失去國都的齊王也只能流亡他國。當燕軍進入齊國都城之後，倉促逃亡的齊王國庫裡所藏的金子自然被燕軍搬光了。

「烹牛而不鹽」，缺的就是臨門一腳，省下那一點點可以提味的鹽巴；面臨大軍的齊國，缺的就是那一股可以提振士氣的力量，齊王就是「貪小利以失大利」的殷鑑呀！

歷久彌新說名句

古人常用烹煮食物來比喻治國的道理，例如《呂氏春秋》的「割烹要湯」，伊尹用烹煮食物來告訴商湯治理天下的道理。

伊尹說：「調合之事，必以甘、酸、苦、辛、鹹。先後多少，其齊甚微，皆有自起。」調和味道必須要用甜、酸、苦、辣、鹹等佐料，而哪個先放、哪個後放，該放多、還是放少，調味料的量要多少，這些都有一定的方法。這是講國家制度的建立與實施。伊尹又說：「鼎中之變，精妙微纖，口弗能言，志不能喻。」鍋中味道的變化，是非常精妙細微的，無法用言語來比喻。這是指君王管理國家要身體力行、事必躬親，方能了解管理的效果。

而伊尹認為好的廚師煮出來的菜應該是「久而不弊，熟而不爛，甘而不噥，酸而不酷，鹹而不減，辛而不烈，淡而不薄，腴」。時間長、但不會煮壞，煮得熟、卻不會太過火候，甘甜卻不濃烈，有酸味卻不會變苦，夠鹹卻不減損原味，辣但不會太烈，清淡卻不會無味，肥而不膩。這是指治國要領分寸的拿捏。

伊尹最後表示聖人就是以這麼簡單的方法來治國，什麼該做、什麼不該做，衡量適可而止，就不需要費太多力氣。

物之用者，必待不用者

名句的誕生

走[1]不以手，縛手[2]，走不能疾；飛不以尾，屈尾[3]，飛不能遠；物之用者，必待不用者。

～淮南子・說山

完全讀懂名句

1.走：疾行、奔跑的意思。
2.縛手：把手綁住。
3.屈尾：將尾巴彎曲、折起。

語譯：跑步的時候不需要使用手，但是把手綁住，跑起來就不會快；鳥飛的時候不會用到尾巴，但是把鳥尾彎起來，鳥就不能飛遠；事物能夠發揮作用，一定會倚賴一些不需要用到它的地方。

名句的故事

本句名言的意義是說，物有所宜、事有所適，有用還是無用，取決於我們所面對的狀況，能夠用到大處還是小處，取決於我們的智慧。

話說戰國時代的思想家惠子種了一株胡瓜長得非常好，結的果實足足有五石之重。惠子心想，這麼大的胡瓜可以用來做甚麼呢？便尋問好友莊子。莊子便說了一個故事。

從前，宋國有一戶人家世代以洗棉絮為業，他們擁有一種祕方，可使人的手放在冬天冰冷的水中不會凍傷。有人拿了百兩銀錢向這戶人家買了祕方，並向吳王推銷，當時吳越兩國正在交戰，吳王命此人為軍隊統帥，並用這個祕方，使將士在冰天雪地中手腳不會凍傷，因而打了勝戰，此人也受到豐厚的賞賜。同樣的祕方，在不同人身上卻有不同的待遇。「用」的學問可真大啊！

莊子告訴惠子：「這樣一個五石重的大胡瓜，為何不將它曬乾做成一個天然的船舟，讓它可以浮於江河之上，這樣就不用擔心沒有地方放了！」一般胡瓜頂多曬乾製成葫蘆以做為容器，莊子居然可以想放在河中成為幫人渡河的舟船之用。

歷久彌新說名句

這個名言很容易讓人聯想到「天生我才必有用」。

唐玄宗天寶年間，李白受到權貴排擠，不得不離開長安。有一次他來到故人山居，只見山居旁的黃河水流如同天降，一瀉千里，向東直奔而去。當時的李白正懷憂愁、有志難伸，於是寫下〈將進酒〉道：「天生我才必有用，千金散盡還復來。」李白相信自己的才能必有用處，就如同金錢散盡了，還是有得回的一天。果真，唐朝政壇是用不到李白的才華，但在中國文學史上，李白的才華卻是大放光芒。

明朝馮夢龍所著《智囊》一書中，有一則故事很有意思。唐朝晉國公韓滉曾統帥軍隊，知人善任，能依據部屬的才幹安排職務。有一次，有個老朋友的兒子前來投靠他，但是這位年輕人說不出自己有什麼專長。韓滉想想，便請這年輕人一起參加酒宴，只見年輕人從頭到尾都靜坐在自己位置上，不發一語。韓滉於是派他隨軍看守庫門，這年輕人便每天在庫門前從早坐到晚，不曾離開。自此，其他士兵都不敢隨意進出倉庫了。

世間萬物都像小小螺絲釘一樣重要，只要我們懂得「任物之性，物盡其用」，就沒有被遺忘、被荒廢之物了。

嘗一臠肉，知一鑊之味；懸羽與炭，而知燥濕之氣

名句的誕生

嘗一臠肉1，知一鑊2之味；懸羽與炭，而知燥濕之氣：以小明大。

～淮南子・說山

完全讀懂名句

1. 臠肉：把肉切割成小塊稱為臠，臠肉就是小塊肉。
2. 鑊：古代煮食物的大鍋子。

語譯：品嚐一小塊肉，就可知道一整鍋肉的味道；將羽毛和木炭同時懸掛在一物的兩端，就可以得知空氣的乾燥或潮濕：這是藉由小現象來明瞭大情況。

名句的故事

此佳句的原型出自《呂氏春秋》。《呂氏春秋》主張：「故審堂下之陰，而知日月之行、陰陽之變；見瓶水之冰，而知天下之寒、魚鱉之藏也；嘗一脟肉，而知一鑊之味、一鼎之調。」所以，觀察屋子下面的陰影，就可以了解日月的運行、陰陽的變化；看見瓶中的水結冰，就可以知道天氣變冷、魚鱉潛藏的原因；嚐一塊肉，就可知道一整鍋肉的味道，以及整鍋食物味道是否調和。

換言之，古代君王制定法度的依據是人，而且自己也是人；所以考察自己就可以知道別人，考察現在就可以知道古代。後人便用「一鑊之味」或「嘗鼎一臠」，來比喻從已知的一

部分，可以推知全部，說明「以小見大」的道理。

歷久彌新說名句

話說宋代蘇軾因「烏台詩案」被謫貶，一路從京城貶到黃州、汝州，這段期間蘇軾和王安石多有往來，其中有一封就是王安石給蘇軾的回信〈回蘇子瞻簡〉。王安石在信中稱讚秦觀的詩「清新嫵麗」，還問蘇軾的看法，王安石建議蘇軾「餘卷正冒眩，尚妨細讀，嘗鼎一臠，旨可知也」。冒眩就是頭昏眼花的意思。意即，剩下的內容因為自己有些頭昏眼花尚未細讀，但秦觀的詩其實只要讀其中幾首詩篇，就大概可以了解他作詩的風格了。

人的思想風格會經由作品顯露出來，時代的歷史風格自然也會經由流傳的作品而呈現，透過書籍了解文化現象也是同樣的道理，例如吳丕績在《六朝文絜箋注》的〈前言〉說：「這本選集，對希望欣賞六朝文的讀者而言，可以嘗鼎一臠，也可作為研究的初步階梯。」

簡言之，我們不需要把六朝的文學作品全看一遍，才了解六朝的文風，只要閱讀《六朝文絜箋注》，就大致可以掌握六朝當代的文學精神。

力貴齊，知貴捷

名句的誕生

力貴齊[1]，知貴捷。得之同，遬[2]為上；勝之同，遲為下。所以貴鏌邪[3]者，以其應物而斷割也；劖摩[4]勿釋，牛車絕轔[5]。

～淮南子．說山

完全讀懂名句

1. 齊：通「齋」字，音ㄐㄧˋ，迅速的意思。
2. 遬：古代的「速」字。
3. 鏌邪：古代寶劍之名。
4. 劖摩：音ㄐㄧ，摩切的意思。
5. 轔：音ㄌㄧㄣˊ，門檻。

語譯：用力貴在突發迅猛，智慧貴在敏捷。兩者強調的都是以迅速為上；要取勝的道理也一樣，遲緩為下。人們之所以珍貴莫邪寶劍，是因為它一接觸物體就能使物體斷裂；就像牛車如不停摩擦門檻也能將門檻壓斷。

名句的故事

這句佳句的原型出自《呂氏春秋》：「力貴突，智貴卒。得之同則速為上，勝之同則濕為下。」力量貴在能夠突然爆發，智慧貴在能夠出人意表；同樣要獲取一件物品，速度快的人會占上風，同樣要戰勝對手的人，時間拖得越久越占下風。

戰國時代，吳起在楚國變法，讓楚王把楚國的王公貴族遷移至地廣人稀的地區，以便帶動荒蕪之地的社會經濟發展；但貴族們苦不堪言，因此對吳起恨之入骨。結果楚王一死，貴族們急奔回京，誓言殺吳起。當時楚王的屍體還停放在大堂上，眾人卻已經拉弓射向吳起了，吳起在臨死之前大喊：「讓你們看看我是如何用兵的！」話一說完，便拔下眾人射入他身上的箭，趴在楚王的遺體上，同時把箭插入屍體，然後大聲高喊：「群臣作亂、射殺君王屍體！」隨後氣絕身亡。

根據楚國法令，將兵器挨著君王屍體的人都要處以重罪，並且連坐三族。吳起要大家看看他怎麼用兵，其實是用了計策、懲罰那些要殺他的王公貴族，後來射殺他的貴族們都被誅連三族，但是吳起的三族安然無恙。吳起飛撲到君王遺體上，就像是一把利箭應聲而至，誰又能同時在那短短時間之內想到誅連三族的計謀呢？這就是善用兵的吳起。

歷久彌新說名句

無論力量的發揮，還是智慧的發揮，「速度」的掌握就是取勝的關鍵。北齊的劉晝在《劉子》一書中有個主題叫作〈貴速〉。〈貴速〉上說：「善濟事者，若救火拯溺；明其謀者，猶驥捷矢疾。」善於處理事情的人，他的速度可以快如滅火救人一樣；通曉計策的人，就如同快馬飛奔與疾箭般快速敏捷。

〈貴速〉又說：「智不早決，敗而方悔其智，可謂與無智者同矣。」如果無法早點用智慧作出決斷，等到失敗時才來悔恨，那就跟沒有智慧的人一樣。如果有智慧卻無法施展，不能說是聰明，能施展卻無法快速應變，也不能說是聰明；因此〈貴速〉最後指出「力貴突，智貴卒」才能解決問題。

明朝吳惟順在《兵鏡吳子》一書則推崇：「定謀貴決，機巧貴速，機事貴密。」制定計策重在能當機立斷，隨機應變，並且重在能迅速確實，機要之事重在能夠保持祕密。這不僅是速度的問題，還要能掌握現場狀況與時機的應變。

短綆不可以汲深，器小不可以盛大

名句的誕生

短綆[1]不可以汲[2]深，器小不可以盛大，非其任也。怒出於不怒，為出於不為。

～淮南子・說林

完全讀懂名句

1. 綆：指汲水用的繩子。
2. 汲：從井裡打水。

語譯：打水的桶子所繫的繩子太短，是無法汲取深井中的水；器皿的容量太小，是無法盛裝大的物品，這是因為不在其能力所及的範圍，非其職責所在。發怒是從沒有怒氣時產生的，做是由沒有做時開始。

名句的故事

「短綆不可以汲深，器小不可以盛大」在先秦時期莊子與荀子均有提及。由此可知，《淮南子》雖是漢代作品，但本文的思想，仍可看出承襲自先秦諸子的痕跡，同時也可觀察漢代的人們是如何品評人物。

《莊子・至樂篇》雖是講述莊子對於生死的看法，然而其中一段則是以孔子之憂提及「短綆汲深」的典故。

顏淵要往齊國，孔子相當憂心，子貢問其故，孔子表示，由於齊國國君「褚小者不可以懷大，綆短者不可以汲深」，顏淵與國君討論深奧的道理，不過由於國君的能力就如同小布袋無法裝承大的物品、短繩無法汲取深井的水一樣，國君無法明白顏淵的深意，恐怕反而引發殺身之禍。孔子藉由管子的話，指齊國國君的能力不足以了解深刻的道理。

《荀子・榮辱篇》有：「短綆不可以汲深井之泉，知不幾者，不可與及聖人之言。」同樣也是說明「短綆不可以汲深，器小不可以盛大」能力不足無法成事。

歷久彌新說名句

如果人能有自知之明，則可避免「短綆汲深」的缺憾。《老子》一書的第三十三章：「知人者智，自知者明。」就指出如果能清楚了解自身的能力與優缺點，就能對自己有正確的認識。宋代蘇軾有〈與葉進叔書〉一文，這封書信記錄葉進叔對蘇軾有些建議，蘇軾不以為然，於是在信中寫道：「僕聞有自知之明者，乃所以知人。有自達之聰者，乃所以達物。」文後諷刺葉進叔無自知之明卻大放厥詞。

雖然「短綆汲深」一語往往用在負面解釋，但如果能因此轉換角度，用「自知之明」的態度關照自我，也能因此改進提升自己。

削足而適履，殺頭而便冠

名句的誕生

水火相憎，鏏[1]在其間，五味以和。骨肉相愛，讒賊間之，而父子相危。夫所以養而害所養，譬猶削足而適履，殺頭而便冠。

～淮南子．說林

完全讀懂名句

1. 鏏：音ㄨㄟˋ，鼎也。

語譯：水與火兩種性質相反的物質，互相爭鬥，將小鼎放置在中間，可以使五味得到調和。父子骨肉之間彼此親愛，讒賊之人介入其間，中傷對方的讒言使父子之情產生危害。因為聽信讒賊的話，而加害骨肉至親，就如同削去自己的腳來適應鞋子的尺寸，砍掉自己的頭來方便戴帽一樣愚蠢而不知變通。

名句的故事

「削足而適履，殺頭而便冠」現在的解釋多為勉強遷就，不知變通。

春秋時期的晉獻公，因為寵愛驪姬，先是不聽卜筮的警告，立驪姬為夫人。之後驪姬生了奚齊，驪姬處心積慮說服晉獻公立奚齊為太子，於是設法陷害當時的太子申生。驪姬讓申生到曲沃祭祀齊姜，並且在申生送回來的祭肉下毒。當驪姬將祭肉呈給晉獻公時，故意暗示祭肉有問題，晉獻公便將祭肉分給狗食，吃了祭肉的狗立即斃命；又將部分祭肉賞賜給小臣，小臣吃之後，一樣馬上送命。晉獻公大怒，派人捕捉太子申生。申生知道了之後，百口莫辯，於是逃奔至新城避禍。雖然申生知道這是驪姬所策劃，也有人勸他回去跟晉獻公解釋清楚，揭發驪姬的陰謀，但是申生體貼回應道：「國君老了，他需要驪姬在他身邊陪伴，如果沒有驪姬，國君將居不安、食不飽，這是我所不樂見的。」有人勸申生乾脆逃離晉國，申生則表示他以莫名之罪出奔，沒有其他國君會肯收留他的。為了不讓晉獻公背上殺子的罪名，申生最後選擇在新城上吊自殺，結束自己的生命。驪姬知道申生已死之後，害怕晉獻公另外兩個兒子重耳及夷吾找他算帳，於是又在晉獻公面前中傷兩個兒子，導致重耳與夷吾皆逃離晉國。這就是標準「所以養而害所養」！

歷久彌新說名句

在歷史上，權力是最迷人也是最危險的誘惑。尤其表現在政治上，更是如此。《淮南子》以幾近嘲笑的口吻，比喻在權力場上迷失自己的愚蠢，其所傷害的往往是最親近的骨肉血緣。唯其與自己最為親近，所以也最有可能掠奪自己的權位。

春秋晚期楚平王為太子建聘於秦，卻聽信讒臣費無極之語，自娶所聘的秦女嬴氏為夫人。費無極雖取得楚平王之歡心，卻害怕太子建挾怨報復，於是向楚平王譖言太子建將與伍奢聯合他國奪取楚國君位，楚平王竟聽信讒言，派遣司馬奮揚殺太子建，太子建得知消息後，逃到宋國，而伍奢被殺，種下日後伍子胥復仇的遠因。

在《淮南子》看來，類似晉獻公、楚平王等人，擁有國君之權位，卻聽信讒賊之人，不去調查事實的真相，只因為要達到目的，不惜殺害骨肉至親，就像「削足而適履，殺頭而便冠」一樣，實在是一件不智之舉。

璧瑗成器，礛諸之功；鏌邪斷割，砥礪之力

名句的誕生

璧瑗成器，礛諸之功；鏌邪斷割，砥礪之力。狡兔得而獵犬烹，高鳥盡而強弩藏。

～淮南子．說林

完全讀懂名句

1.璧瑗：「璧」、「瑗」皆指中間有圓孔的玉器。

2.礛諸：是用以琢磨玉器的磨石。

3.鏌邪：古代寶劍的名稱，也作「莫邪」。

語譯：璧、瑗等寶玉的成器，是要靠礛諸之類磨石的功勞。鏌邪寶劍能有斷割東西的鋒利，是藉由磨刀石的鍛鍊力量而成的。抓到兔子後，獵犬就可以被烹煮；飛鳥抓完了，好的弓箭就可以收藏起來。

名句的故事

「璧瑗成器，礛諸之功；鏌邪斷割，砥礪之力」藉由磨石的砥礪，說明玉石成器與寶劍鋒利與否的關鍵。

「干將」與「莫邪」是古代有名的寶劍。晉朝干寶的《搜神記》裡有〈干將莫邪〉一篇，記載其故事。

干將與莫邪夫婦為楚國的鑄劍名師，兩人一起替楚王鑄劍，三年才完成，楚王很生氣，想要殺掉他們。當時莫邪已經懷孕，干將知道前去獻劍，一定會被楚王所殺，於是將所鑄好的一對陰陽劍的雄劍留下，攜帶雌劍前往。行前，干將對莫邪說，若生下兒子，等他長大

後，告訴他父仇未報，干將並留下隱語：「出戶望南山，松生石上，劍在其背。」干將前往獻劍，果然被楚王所殺。而莫邪所生下的兒子，取名為赤比。赤比長大後，莫邪將干將所留下的隱語告訴赤比，赤比因而找到了干將所藏匿的雄劍，於是便帶著雄劍前去尋找楚王報仇。

後來赤比得知楚王下令懸賞他的人頭，即逃入山中，遇見一位俠士，赤比奉上寶劍與項上人頭，委託俠士幫忙報仇。俠士果然不負所託，不僅砍下了楚王的頭顱，為赤比報了父仇，連帶的也犧牲了自己的生命。

歷久彌新說名句

人世間事情成敗的原因通常不會只有一個，就像器物的成形需要諸多條件的配合。在這個過程中，有智慧的人，善於觀察成就事物的主要條件，以及其正面的助力，然後學習掌握這些關鍵，最終能達成目標。

《論語・衛靈公》記載孔子曾說：「工欲善其事，必先利其器。」正是掌握了最重要的關鍵，才能成就事情，將事物的功效發揮到最大。

由此延伸來說，身為領導人不能剛愎自用，小到一間公司的管理，乃至治理國家，輔助者的角色都具有重要的地位。瞭解這個道理，領導人能適時採納有益的建言，才能得到更大的成功。當然以《淮南子》的思想來說，輔助者盡力之後，不能功高震主，在合適的時機應當功成身退，才是明哲保身之道，否則兔死狗烹，其禍不遠矣。

川竭而谷虛，丘夷而淵塞，唇竭而齒寒

名句的誕生

川竭而谷虛，丘夷[1]而淵塞，唇竭而齒寒，河水之深，其壤在山。

～淮南子・說林

完全讀懂名句

1.夷：平坦。

語譯：河川若是枯竭，則山谷之地不能豐產。山丘若是被夷平，則湖泊將會被阻塞。若是沒有嘴唇的保護，則牙齒就會暴露在寒風中。河水之所以深廣，則是因為山谷土壤長期沖刷而造成。

名句的故事

根據《左傳》的記載，在僖公二年時，晉國因為想討伐虢國，由於虞國和虢國毗鄰，於是晉國打算向虞國借道，希望晉國軍隊能經過虞國境內，以攻打虢國。當時虞國的大夫宮之奇已經窺見晉國的不法之心，諫阻虞公不要答應此事，虞公卻不把宮之奇的話放在心上，依然答應晉國借道的要求。

僖公五年，晉國再次向虞國提出借道的要求，理由一樣是攻打虢國。宮之奇這次更是極力勸阻虞公，他諫言說：「虢國和虞國是相鄰的國家，互為表裡。虢國若是被滅亡，那麼虞國也會步上後塵。晉國是有侵略野心的國家，不能助長他的野心，而且允許他國軍隊進入國境之事也不可輕忽。以前晉國借道一次已經算是過份，難道還能再答應第二次嗎？俗諺云：『輔車相依，唇亡齒寒』正是指虞國與虢國的關係呀！」虞公聽了宮之奇的諫言，也提出自己的看法與宮之奇反覆辯駁，最終仍同意晉國的借道請求。

宮之奇眼見頹勢難挽，便帶領自己的族人離開虞國。果然晉國在滅掉虢國之後，還道襲擊虞國，虞國不但被晉國所滅，虞公也被晉國抓走，應驗了宮之奇的先見之明。

歷久彌新說名句

「唇亡齒寒」是流傳極廣的俗諺，以近取譬，就人體的部位來說明國家存亡有賴於彼此相互幫忙。《史記・田敬仲完世家》記載戰國時期的秦國，為了統一天下，不斷與其他諸侯國產生衝突。齊國在齊襄王去世之後，由他的兒子建即位為齊王。齊王建在位第六年，秦國攻打趙國，趙國極力防守，時日一久，趙國糧食耗盡，請粟於齊國。齊王建不肯援助趙國，當時周子諫言：「趙之於齊楚，捍蔽也，猶齒之有唇也，唇亡則齒寒。今日亡趙，明日患及齊楚。」秦的強大，對於諸侯各國產生了威脅，今日秦圍趙而不救，將來恐怕齊、楚也會面臨同樣的下場。周子援引唇亡齒寒以喻，說明當時為了對抗強秦，諸侯之間應該不分地域，共同抗秦，才能保有自己的政權。

由此可知，原本「唇亡齒寒」所要說明的是因地域鄰近所產生彼此依賴的緊密關係。但是到了戰國時期，已是超越地域上的限制，而被用來表示有相同遭遇及命運的關係。正因為這樣的延伸用法，《淮南子》身處的漢代已經習以為常，在援引此句時，還加上了自然界互為因果的現象來比喻，也就是說，不只從人體部位取譬，自然界的現象一樣說明相同的道理。時至今日，在全球化的推進之下，世界各國的關係更是牽一髮而動全身，相互影響的程度遠較昔日為大，也演繹更深遠的「唇亡齒寒」的道理。

善用人者，若蚿之足，眾而不相害

名句的誕生

善用人者，若蚿[1]之足，眾而不相害；若唇之與齒，堅柔相摩[2]而不相敗[3]。

～淮南子・說林

完全讀懂名句

1. 蚿：音ㄑㄧㄢ，一種多足之蟲，古代有人認為是腐草變化而成。
2. 摩：通「磨」，磨擦的意思。
3. 敗：破壞、毀壞。

語譯：善於用人的道理，就好比蚿蟲的腳，雖然有很多隻腳，卻不會互相侵犯；又好比嘴唇與牙齒，一個堅硬、一個柔軟，互相磨擦，卻不會互相毀壞。

名句的故事

本句名言出自《文子・上德》，是比喻一個在上位的君王，要善於讓各種專長的人才互相配合，各自貢獻心力。

淮南王劉安本身就應該是很會用人的領導者。試想《淮南子》的成書過程「招致賓客方術之士數千人」共同輯書。又《淮南子》的內容涉及帝王治術、道術、思想觀、歷史觀、物理、化學、天文、地理、醫療養生等專業領域，可見淮南王的賓客中自是臥虎藏龍、具備各類的人才。這充分顯示淮南王駕馭人才的非凡能力，真是「若蚿之足，眾而不相害」。然而，淮南王最終卻被自己人所害。

淮南王之子劉遷與武藝高強的門客雷被兩

人因故交惡，導致雷被跑到長安城告發淮南王意圖謀反。另外一位門客伍被，多次勸阻劉安放棄謀反之事，劉安不僅不聽，還反唇相譏，自比陳勝、吳廣。伍被心冷之餘，便將劉安謀反一事告發朝廷。淮南王所用的人才，沒能將他推上漢朝皇帝的寶座，卻讓他在中國文化史享譽千年，至今仍餘音繞樑、不絕於耳。

歷久彌新說名句

國君如何善用臣子的才能，君臣如何相互配合，古來就有很多類比的說法。

有用弓與箭的關係比喻君臣，如本書的〈兵略〉提到「弓矢不調，羿不能以必中，君臣乖心，則孫子不能以應敵。」弓與箭如果不能相互協調，即使像后羿那樣的神箭手也不一定能射中靶心；君與臣之間若無法同心協力，即使有孫子那樣的軍事專家，也不一定能戰勝敵人。

也有以身體器官的互動關係來形容君臣關係。如《呂氏春秋》說：「耳目鼻口，不得擅行，必有所制；譬之若官職，不得擅為，必有所制。」耳朵、眼睛、鼻子、嘴巴，不能任意妄為，必須有所控制；就好像各種職官行事，不得擅自做主，必須互相節制。另外，也有用光照與影子的說法。《資治通鑑‧唐紀》記載：「是知君者表也，臣者景也，表動則景隨矣。」表就是日晷，景同「影」字。這句話是說，君王像是日晷，臣子就是影子；日晷移動時，影子也就跟著移動。這是指臣子要聽從君命來行事。

清代黃宗羲在《明夷待訪錄》則說：「夫治天下猶曳大木然，前者唱邪，後者唱許。君與臣，共曳木之人也。」治理天下就好像一群人拖著一根大木頭，前面的人喊口令，後面的人跟著應和，君主與大臣們都是拖木頭的人。換句話說，君臣都是在同一條船上的人，彼此的關係應該是平等的，工作上也應以互相合作的態度來治理國家。

刺我行者，欲與我交；訾我貨者，欲與我市

名句的誕生

舟能沉能浮，愚者不加足。騏驥驅之不進，引之不止，人君不以取道里。刺[1]我行者，欲與我交；訾[2]我貨者，欲與我市。

～淮南子・說林

完全讀懂名句

1. 刺：指責、揭發，用尖銳的話指出別人的壞處。
2. 訾：音ㄗˇ，詆毀、挑剔。

語譯：一艘載浮載沉的船隻，連愚蠢的人都知道不要跨進去坐；一匹趕牠不前進、拉牠又不停的千里馬，君王是不會用牠來趕路的。指責我的行為的人，是想和我交往；挑剔我的貨物的人，是想和我做生意。

名句的故事

誠如《荀子・修身》所說：「非我而當者，吾師也；是我而當者，吾友也；諂諛我者，吾賊也。」意思是說，能恰如其分地批評我過失的人，是我的老師；能適度肯定我作為的人，是我的朋友；只會迎合我、奉承我的人，是害我的敵人。本句名言旨在提醒大家，小心那些對你說好話的人，可能不安好心；小心那些全盤接收你的東西的人，可能另有所圖。

漢武帝建元二年，淮南王準備入朝覲見天子，國舅武安侯田蚡還特地外出迎接淮南王來到長安城。田蚡見到淮南王便說：「現在的皇

帝沒有設立太子，大王您是高祖的親孫子，好行仁義，天下人沒有不知道的。等到有一天皇帝歸天，除了大王您之外，還有誰有資格繼位呢？」淮南王劉安聽了這番話，高興得不得了，送了很多金銀財寶給武安侯田蚡。

武安侯真是支持淮南王當皇帝嗎？當然不是，他只不過是阿諛奉承當時最有勢力的諸侯王罷了。武安侯耍的是兩手策略，漢武帝繼續當皇帝，他還是國舅爺；淮南王若謀反成功的話，他也算支持有功。所謂：「匿病者，不得良醫。」隱瞞病情的人，是得不到有效的治療；而只想掩蓋自己缺失的人，是無法獲得他人真誠相待的，只能聽到虛偽的言詞，淮南王正是敗在於此。

歷久彌新說名句

所謂「物以類聚，人以群分」，孔子將朋友分為「益友」與「損友」，本句名言所要表達的是能直言規勸的朋友，是「諍友」。漢朝班固在《白虎通・諫諍》提到：「士有諍友，則身不離於令名。」讀書人如果有勇於直言勸諫的朋友，那麼他就能保持美好的聲譽。

從另一方面來看，這個對我的行為能直接規勸的人，真能做為我的朋友嗎？《孔子家語》提供一個方法：「不知其人視其友。」如果不了解這個人，那麼就觀察他所結交的朋友，看一個人所結交的朋友是什麼類型，大概也可以知道他是什麼樣的人了。

另外，「刺我行者」的「刺」，亦可解釋為「暗中打聽」，打聽的原因在於利益的取捨。例如把買賣做生意當成是交朋友，選擇朋友當成是做買賣最有名的人物就屬胡雪巖。

胡雪巖深諳「人緣就是財源」的道理，更重要的是，做生意不能沒有靠山，因此他找了靠山——湘軍將領左宗棠，再加上胡雪巖本身就是一個公關能手，凡是與「公家」有關的人脈，他更是面面俱到。透過「花花轎兒人抬人」，進來的是白花花的銀子，胡雪巖不僅抬出別人的地位、也抬出了自己的財富。

臨河而羨魚，不如歸家織網

名句的誕生

塞其源者竭，背[1]其本者枯。交畫不暢，連環[2]不解，其解之不以解。臨河而羨魚，不如歸家織網。

～淮南子・說林

完全讀懂名句

1. 背：離開。
2. 連環：一個套連一個，能各自轉動而不可分開的一串環。

語譯：堵塞源頭，水流就會枯竭，離開樹根的樹枝就會枯死。錯綜交叉的線條不會流暢，環環相套不易解開，解開它的方法就是不去解開。站在河的旁邊想著魚會上鉤，不如回家編織漁網拿來捕魚。

名句的故事

本句名言出自《文子・上德》：「臨河欲魚，不若歸而織網。」後人則是用成語「臨河羨魚」比喻只有願望而沒有任何行動，對事情的發展沒有任何幫助；抑或是形容一個人只憑空妄想而不付諸執行。換句話說，面對自己的目標，要懂得做出有「價值」的行為，或有「意義」的行動。

漢高祖劉邦取得天下後，分封劉氏諸王於各地。這些諸侯王逐漸壯大，反倒成為大漢統一之後內部分裂的力量，更何況這些劉氏諸侯們也都懷抱有朝一日也可成為皇帝的夢想，淮南王的爵位由劉安承襲之後，他更是付諸行動，絕不「臨河羨魚」。從結交文人、術士，到攏絡平民百姓，漢武帝時期，劉安已經「流譽天下」，適巧建元六年有一顆彗星出現，更加速了淮南王謀反的決心，除了整治武備、訓練士兵，連進軍長安的路線都開始規劃了。

淮南王劉安其實是很有耐心，如同《淮南子》所說：「矢疾，不過二里也；步之遲，百舍不休，千里可致。」意即箭矢再快，也不過射到兩里地之遠；走路雖慢，但只要走上百天都不休息，也可達到千里之遠。速度不是決定成敗的關鍵，行為本身可以發揮的效果，才是成敗的要件；淮南王的謀反行動即因為內部分裂、無法發揮效果，終究失敗了。淮南王的「結網」，結得千古餘恨。

歷久彌新說名句

唐朝詩人孟浩然也曾藉由「羨魚」來表達自己能在政壇上有一番前程，他在〈臨洞庭湖贈張丞相〉詩中說：「坐觀垂釣者，空有羨魚情。」張丞相就是當時在位的張九齡。隋唐時代很講究門閥，沒有家世背景的知識份子想要出頭，必須有達官貴人的引薦，所以孟浩然透過這首詩表達自己想要貢獻社會的熱忱。然而，沒有合適的引薦者，所以孟浩然說自己只能空懷有實現理想的願望，如同坐下來觀看「垂釣者」釣魚。這「垂釣者」就是指當朝執政的人物，也就是張九齡，但其實不是「空有」這股情懷，而是滿懷希望垂釣者可以發現坐在身旁的人。後來張九齡果然大力推薦孟浩然，只是孟浩然並沒有好好把握出仕的機會。

另一位唐朝詩人高適在〈奉酬李太守丈人夏日平陰亭〉詩中亦說：「一生徒羨魚，四十猶聚螢。」一生最大的希望是有人可以引薦做官，到了四十歲仍舊刻苦讀書。高適的「羨魚情懷」果真受到青睞，累官至蜀彭州刺史、刑部侍郎、左散騎常侍等等。「揚湯止沸，不如釜底抽薪」正所謂坐而言，不如起而行，一定要拿出行動力呀！

舟覆乃見善游，馬奔乃見良御

名句的誕生

舟覆乃見善游，馬奔乃見良御[1]。嚼而無味者弗能內[2]於喉；視而無形者不能思於心。

～淮南子．說林

完全讀懂名句

1.御：駕馭，這裡指善於駕馭馬車的人。

2.內：同「納」，放入。

語譯：船翻覆，就會出現善於游泳的人；馬匹奔馳起來，就會產生善於駕馭馬車的人。咀嚼著沒有味道的食物，是難以嚥下喉嚨的；看著沒有形跡的東西，則無法在心中產生任何的思考。

名句的故事

在〈說林〉有一語言特色，便是文中往往以兩兩相對的映襯句來說明一體兩面、相互並存的關係，例如「水雖平，必有波；衡雖正，必有差」，句中提及水與衡，雖然表面看來都是平靜、正確，但是仍會有波浪有偏差，這些都是人力無法避免的潛在因子。

而「舟覆乃見善游，馬奔乃見良御」表面上看除了可以知道「水能載舟、亦能覆舟」的道理，換個角度觀察，同時也是映襯出體察「關鍵時刻」的重要性。因為船舟不慎翻覆，才能藉此看出誰是善於游泳的人；馬匹脫韁奔走，才會知道誰是能夠駕馭馬匹的良御。

路遙知馬力，日久見人心正是與「舟覆

乃見善游，馬奔乃見良御」一語不謀而合，只是本句話更強調「關鍵時刻」對事件的影響，同時也是鼓勵人在緊要時刻看待事情可以更開闊。

歷久彌新說名句

「舟覆乃見善游，馬奔乃見良御」一語著重才能在關鍵時刻的顯現與發揮。除了才能之外，也時常說明人品志節，尤其是在艱苦環境中，所表現出來的高尚氣節，南朝「竟陵八友」之一的范雲有〈詠寒松〉詩：「脩條拂層漢，密葉帳天潯，凌風知勁節，負雪見貞心。」詩中所說「凌風知勁節，負雪見貞心」，其實就是說越是處於困境中，越是考驗出一個人的志節。

此外，「舟覆乃見善游，馬奔乃見良御」一句，也可觀察如何在危急時，展現一個人的能力。一般人所熟知「毛遂自薦」的典故，秦圍邯鄲，趙使平原君求救，希望合縱於楚，平原君挑選食客二十人，卻差一人，在這個關鍵點，毛遂自告奮勇，而且順利完成任務，回國後被奉為上賓。

無論是范雲的詩或是毛遂的事蹟，在在顯現無論處於何種環境，若能有所用於世，則不需遲疑；若是無法有所成就，也要保持良好的節操。

淮南子

仁者不以欲傷生，
知者不以利害義

100

人莫蹪於山，而蹪於垤

名句的誕生

事者難成而易敗也；名者難立而易廢也。千里之隄[1]，以螻螘[2]之穴漏；百尋[3]之屋，以突[4]隙之熛[5]焚。堯戒曰：「戰戰慄慄[6]，日慎一日。人莫蹪[7]於山，而蹪於垤[8]。」

～淮南子．人間

完全讀懂名句

1.隄：以土石修築，用來防水的建築物。同「堤」。

2.螻螘：音ㄌㄡˊ ㄧˇ，或作「螻蟻」。指螻蛄及螞蟻，比喻力量微小或地位卑微，無足輕重的人、事、物。

3.百尋：尋，古長度單位，一尋約八尺。此乃言其高大。

4.突：煙囪。

5.熛：音ㄅㄧㄠ，指火焰。

6.戰戰慄慄：恐懼顫抖的樣子。

7.蹪：音ㄊㄨㄟˊ，摔跤，跌倒。

8.垤：音ㄉㄧㄝˊ，小土堆。

語譯：人間世事有時難以成功卻容易失敗，好的名聲難以建立卻容易毀壞。千里長堤，因為螻蟻的洞穴才滲水而導致潰決；百丈高樓，因為煙囪的裂縫冒出煙火而被焚燬。堯告誡說：「要經常懷著畏懼之心，一天比一天還要謹慎。因為人不會被大山絆倒，卻往往會被小土堆絆倒。」

名句的故事

一般人常有「輕小害，易微事」的盲點，

意即輕視小事而忽略小害，以致釀成大禍才悔不當初。如同《淮南子》一再強調的觀點，禍福、利害、得失、成敗之間相互轉化的道理，要趨吉避凶，要避禍得福，得先清楚認知其實踐的門徑，就在於小患不除，大事必為其所敗的道理。

千里長堤和百尋高樓均因疏忽小害而釀成潰決與焚燬的下場。《淮南子》接著又寫道：「病者已惓而索良醫也。雖有扁鵲、俞跗之巧，猶不能生也。」病危時才四處訪求良醫，這時即使有扁鵲、俞跗這樣的名醫也難以治好病人的病。

因此，智者應握機而行，明者宜先機而作，謹慎洞察事件的端倪，及時妥善處理，從而爭取往有利的方向演變，因為「人莫躓於山，而躓於垤」的內涵提醒我們，要防患未然並洞燭機先，不要當事後諸葛，更不要懊悔千金難買早知道。

歷久彌新說名句

歷史上因為雞毛蒜皮之事卻釀成重大事件的例子層出不窮。據《呂氏春秋・察微》記載：春秋末期，楚國邊邑卑梁與吳國邊邑鍾離鄰近相連，兩地少女同於邊境採桑嬉戲，後因採桑的細故衝突，吳國少女傷了卑梁少女。卑梁家人帶傷女至吳人處究責想討回公道，未料吳人出言不遜，卑梁人怒，遂殺吳人而去。吳人隨後亦怒不可遏前往報復，將卑梁一家屠殺滅門。之後，楚之卑梁大夫震怒，遂率兵掃蕩吳國邊境，將老弱者盡殺之；吳王夷昧亦發兵掃蕩盡殺楚國邊邑百姓，至此吳楚兩國拉開國際戰幕，雙方衝突不斷升高。吳王夷昧對奪取楚國之戰略要地早有覬覦之心，故再揮軍與楚人戰於雞父，又大敗楚國。

從一個微不足道、毫不起眼的小事，藉由這微小力量所波及的影響，卻引發了一連串的骨牌效應，結果往往始料未及。後人把這場因細故而致兵禍連結的雞父之戰，稱之「卑梁之釁」，藉以諷喻因無謂的小事而引起的爭端和殺戮。

少德而多寵，一危也；才下而位高，二危也；身無大功而受厚祿，三危也

名句的誕生

天下有三危；少德而多寵，一危也；才下而位高，二危也；身無大功而受厚祿，三危也。故物或損之而益，或益之而損。

～淮南子・人間

完全讀懂名句

語譯：天下存在著三項危險的狀況：缺少德行卻多受寵愛，這是其一；才能低下而官位卻很高，這是其二；沒有建立大功業卻享受豐厚的俸祿，這是其三。因此世事受到一些損失，最終反而會帶來好處；得到好處的，最終卻反而遭受損害。

名句的故事

人間之事，往往在吉凶之中周旋俯仰，此佳句揭示人們在禍福之間的應處之道，在「天下三危」中提出世事若名不符實或濫竽充數的結果，將使國家或個人帶來危險的禍害，這亦是一種強調適才適所，免於身陷危機的大智慧。

《戰國策》的〈觸龍說趙太后〉是一則有名的勸諫案例，內中亦提及有關三危的忠告。話說戰國時期，秦國利用趙孝王年幼由太后代理朝政的機會，發兵急攻趙國。趙國危在旦夕，不得不向齊國求援；齊國雖答應出兵，但提出趙國必須派太后的幼子長安君到齊國做人質的條件。但趙太后因溺愛幼子，堅拒此一條件。

此時，趙國大臣觸龍拜見太后，以「位尊

而無功，俸厚而無勞」一語，委婉指出太后對幼子的愛其實並不是真正的愛，因為父母愛護子女，應該為子女的長遠前途打算，讓他為國立功出力，接受考驗以取得應有的尊位。地位尊貴但對社會無功，俸祿豐厚但對國家無勞，不但個人失去尊嚴威望，且將引起非議，最終也將地位不保而大禍臨頭。觸龍的諫言讓趙太后願意從善如流，將長安君送到齊國當人質，趙國危機始以化解。

歷久彌新說名句

魏晉南北朝的北齊武成帝高湛，有一位寵臣和士開善於察言觀色、巴結權貴，一入仕途便位居要職。其人不僅「少德」、「才下」且「身無大功」，卻能在北齊武成帝、後主兩朝實掌朝廷大權，只因他能投其所好以博君上歡心。他曾吹捧還是殿下的高湛：「殿下非天人也，是天帝也。」極盡阿諛獻媚之能事，可見其傾巧便辟的高明手腕。他不僅穢亂宮闈，與太后公然相姘，當權期間更是公開賣官鬻爵，貪贓納賄，把大批利祿之徒引進朝廷參與機要，無所不用其極掠取大量賦稅。朝廷大臣不知廉恥者，多相與附會，甚至尊稱其「假父」（即義父）。史冊多將北齊亡國之因歸於君王信用奸佞，和士開就是主要的佞倖。

據宋代司馬光《資治通鑑》記載：一日，和士開得傷寒，病榻期間有一文人特別登門探視，正好聽見大夫告訴和士開應服「黃龍湯」（即糞尿熬成，積年得汁，甚黑而苦的大糞水）。僕人端來黃龍湯，和士開面露難色難以入口。此文人自告奮勇端起黃龍湯一飲而盡，和士開深深領會此人一片心意，勉強服下黃龍湯。不久，傷寒果然痊癒。司馬光對當時讀書人墮落至此，痛心不已。

身為執政者，只要面臨任何一危，都足以禍國殃民，而自古以來的國之亂臣、家之敗子常是少德、才下、無功受厚祿的「三危」並存的。身處紅塵俗世的我們，也該以此「三危」為戒，懂得老子所言的「知足不辱」的智慧，以知足知止來消解對位高厚祿的貪欲之念。

事或欲與利之，適足以害之；或欲害之，乃反以利之

名句的誕生

事或欲與利之，適[1]足以害之；或欲害之，乃反以利之。利害之反[2]，禍福之門[3]，不可不察也。

~淮南子・人間

完全讀懂名句

1. 適：恰好。
2. 反：通「返」，返回。有反覆、重複之意。
3. 門：關鍵、途徑，亦指訣竅、方法。

語譯：世事有時看似有利於事的，結果卻恰好是有害的下場；有時是可能會損害於事的，卻反而是有利的結果。利與害之間往往是循環變化，這也是致禍得福的關鍵門徑，不能不體察清楚。

名句的故事

《淮南子》從哲學的高度而言，闡釋了人生價值理念與處世態度，所謂「愛之適足以害之」的史例，更讓我們照見從利與害、福與禍之間的辯證關係，揭示人們在行事時更多元的治理方術。

話說春秋時期，楚恭王與晉厲公在鄢陵交戰，正值戰況激烈，楚恭王眼睛被箭射傷，故偃旗息鼓暫時停止爭戰。楚王的統帥司馬子反因奮戰殺敵，一回營帳便口渴而急求飲水。由於子反向來貪杯嗜酒，他的侍從陽穀便捧酒進獻，豈料子反黃湯下肚後酩酊大醉而臥睡不起。休戰告一段落後，楚恭王打算重新復戰，

於是派人召喚司馬子反，但下屬回報子反心痛無法應戰。楚王一聽大將生病，特地前去帳中探視，剛入帳幕便聞到濃烈酒臭，頓時怒不可遏地說：「今日之戰，寡人還眼睛負傷，如今勝敗關鍵全在將軍身上，而你居然臨陣醉酒，忘記國家和人民的付託！這不是存心滅我楚國社稷嗎？」於是楚王無心再戰撤軍離開鄢陵，回國後按軍法將司馬子反斬首示眾。

身為部下的陽穀，對主人忠誠愛護乃天經地義之事，但他竭盡部屬真心的時機，卻是在戰爭危急存亡的緊急關頭，只為了滿足主人嗜酒的愛好而耽誤大事，這「欲利」的忠心恰恰成為可怕的殺機，反讓主人招致亡身之禍，正是行小忠卻妨害大忠，這與西方諺語「到地獄之路往往是好意所鋪成的」類似，善意成就出來的卻是「弄巧成拙」的結果，正是「事或欲與利之，適足以害之」的愚忠惹禍啊！

歷久彌新說名句

「或欲害之，乃反以利之」的史例，說明施以看似不利的條件，結果可能是有利的。春秋時期的陽虎，在魯國作亂失敗後逃逸，魯君命令手下關閉城門追捕陽虎，眼看搜捕士兵將陽虎層層包圍逼近，陽虎正要舉劍自刎，這時有位守門人勸阻他說：「天下之廣大無以測量，何以自殺放棄生命？我放你出城吧！」於是陽虎得以衝出重圍，但又回頭來抓住那位守門人舉戈傷其腋下；守門人受傷後無奈抱怨自己碰上恩將仇報之人。事後，魯君查問陽虎脫逃之因，並拘捕全部涉有嫌疑的守門人。魯君認定凡受傷的守門人是阻攔陽虎有功而重賞，而沒有受傷的守門人則是涉嫌故意放走陽虎須重罰。因此放走陽虎的那位守門人在受賞之列，得以免除重罪處置的禍殃。

陽虎為守門人所救而故意傷人而逃，終使守門人受大賞而避禍。陽虎以「害之」為手段而達到「利之」的目的，這是一種洞悉利害轉化的智慧；世俗之人只知「利」之益於人，卻不明潛藏在「利」背後之「害」，看來若能體會利與害的奧妙不定，乃是真知利害啊！

事或奪之而反與之，或與之而反取之

名句的誕生

事或奪之而反與[1]之，或與之而反取[2]之。

～淮南子・人間

完全讀懂名句

1. 與：給予。
2. 取：得到、取得。

語譯：世事的表現往往是：想要奪取它，結果反而給了對方好處；有時明明是給予對方好處，最終卻是自己獲得利益。

名句的故事

天下事物往往是循環反覆、得失互見的相對關係。有時奪取他人的福祉，自己也終將為人「奪之」。換個角度來說「奪之而反與之」也與《老子》的「將欲奪之，必固與之」（想得到就必須先付出）層次相同，因為想釣魚還是得先付出魚餌，甚至更大的代價。

春秋末期，韓、趙、魏、中行、范、智六家勢力瓜分晉國政局。最後，智伯率韓、趙、魏滅了范、中行兩家，但智伯乃是貪權好利之人，想獨攬晉國政權，故假藉晉君之命，以攻打越國為名，向魏宣子提出求地的要求。魏宣子知道智伯勢力強過自己，但又不想同意智伯無理的要求。這時，大臣任登向他獻計說：「與之，使喜，必將復求地於諸侯，諸侯必植耳，與天下同心而圖之。」意思是：就答應智伯吧，讓他先嘗甜頭，日後他會更加貪得無厭，進一步搶奪其他諸侯的領地。到那時，我們再和天下各諸侯協力對付智伯。於是魏宣子便從任登之議割讓土地。

後來，智伯果真又向韓、趙索地的跋扈行為，引起了趙、韓兩家的反感，便一起聯合魏宣子消滅智伯，魏宣子不但收回割讓的土地，還分得智伯境中更多的土地。

因此，對智伯而言，這是「奪之而反與之」的下場；對魏宣子而言，則是「與之而反取之」的得利。二者本為一體之兩面，因為大利之下，大害也接踵而至，面對前人智慧，你我行事更當謹慎以對。

歷久彌新說名句

《左傳・桓公十年》裡有一則「懷璧其罪」的故事，正是說明「事或奪之而反與之，或與之而反取之」的道理：

虞公與虞叔同為春秋時期周室之諸侯兄弟，弟弟虞叔有一塊稀世寶玉，哥哥虞公要求弟弟將寶玉送他，虞叔起先並不願意，但他想到有句諺語：「匹夫無罪，懷璧其罪。」平凡人本來沒有罪，卻因自己藏有寶璧，而招來殺身之罪。當下慷慨地將寶玉獻給虞公。未料虞公得知虞叔另有一把寶劍，竟得寸進尺又要虞叔獻出。此刻，虞叔重新思考哥哥貪求無饜的行徑，終將使自己遭致殺身之禍；於是先下手為強，舉兵攻伐虞公，虞公大敗逃奔。

從虞公與虞叔兄弟身上，正體現了虞公「奪之而反與之」所付出的代價，弟弟虞叔「或與之而反取之」所賦予的結果。「璧」的本身可以指涉任何有價的黃金珍寶或無形的欲求，擁有別人所沒有的寶物，除了滿足虛榮外，卻也因露白而引來他人的非分之想。因此世間所謂的美醜、善惡、貧富、禍福、是非，就像長短、高下與難易一樣，恆無定數，有了「得不必喜，失亦不必悲」的體認，人生可以更平安，生命可以更有意義。

有陰德者必有陽報，有陰行者必有昭名

名句的誕生

山致[1]其高而雲起焉，水致其深而蛟龍生焉，君子致其道而福祿歸焉。夫有陰德[2]者必有陽報[3]，有陰行[4]者必有昭名[5]。

～淮南子・人間

完全讀懂名句

1. 致：到達。
2. 陰德：指暗中施德與人。
3. 陽報：公開而顯著的報償。
4. 陰行：亦做「隱行」。指不張顯的德行，即暗中行善。
5. 昭名：顯揚的名聲。

語譯：山到達一定的高度，就會在山上興起雲雨；水到達一定的深度，就有蛟龍生長；君子只要推行實踐大道，福祿自然就會歸向他。所以暗中施恩積德的人一定會得到顯著的報償；不顯露德行暗中行善的人也一定會得到顯揚的名聲。

名句的故事

「有陰德者必有陽報，有陰行者必有昭名」與《易經・坤卦》裡所謂：「積善之家，必有餘慶。」意旨相同，積德可以成就福德樂果的果報，積善也當然必有「餘慶」，不僅是自己本身，也會嘉惠後世子孫。

春秋時期的宋國，有一戶人家三代篤行仁義。一天，家裡黑牛無故生出小白牛，請教一位德高望重的長者，長者表示此乃吉祥之物，可用小白牛祭神。但過了一年，這家父親的眼睛卻無緣無故地失明。與此同時，黑牛又生了一頭小白牛，父親又叫兒子去請教長者。兒子說：「前次一問，結果您雙目失明，再問一次又能如何？」父親說：「聖人之言常常都先有不合而後來相合的。這事還是再去請教吧！」兒子只好又去請教，長者的回答還是與先前一樣，他們仍依照長者的說法將小白牛祭神。隔年，兒子的眼睛也無故失明。後來楚國攻伐宋國，所有男丁都必須服役作戰，這家父子因為失明的緣故，得以免役，但是戰爭結束之後，這對父子的雙眼又奇蹟般地恢復視力了。這則寓言勸勉君主「君子致其道，而福祿歸焉」，可以積累「陰德」、「陰行」而得有「陽報」、「昭名」的好果報，這比起長篇大論更容易令人接受。

歷久彌新說名句

所謂的善行善事，指的就是積陰德、存陰行。清代修纂的《淵鑒類函》記載一則積累「陰德」、「陰行」的故事：

明朝的哲學大儒王陽明主張「致良知」，其學問德行，古今推崇。王陽明之父王華事母至孝，篤守德行。他年輕時擔任私塾館師，館主膝下無子嗣，見王華才學兼備，為傳宗接代而心生一計。某夜派遣年輕貌美的小妾到王華寢室，手執紙條寫著：「欲求人間種」，王華不假思索，援筆立就寫下：「恐驚天上神」。次日便收拾行李離開。王華這種志效柳下惠坐懷不亂的德風節操，為他積來「陰德」。後來，王華官至吏部尚書，其母至百齡高壽而卒，兒子王陽明更是明代備受景仰的大學者，父子俱為傳奇，史上留有昭名。

諺言：「愛鼠常留飯，憐蛾不點燈。」就是古人積陰德的舉措；點燈施茶、造橋鋪路、隨喜佈施是積陰行；功成不居、不道人非、與人為善也是積陰德；甚至在公車、捷運上讓座老弱婦孺，也都是積德之事。只要行善出於至誠，就是真正的「有陰德者必有陽報，有陰行者必有昭名」。

夫禍福之轉而相生，其變難見也

名句的誕生

夫禍福之轉而相生，其變難見也。……故福之為禍，禍之為福，化[1]不可極[2]，深不可測也。

～淮南子・人間

完全讀懂名句

1. 化：變化、改變。
2. 極：窮盡。

語譯：災禍和幸福往往互相轉化而產生，兩者的變化是難以預見的。……所以福份轉為災禍，災禍變為福分，其間變化的道理窮究不盡，其道理的深奧微妙也是無法測度的。

名句的故事

「塞翁失馬，焉知非福」大家耳熟能詳，正說明「禍福之轉而相生」的道理。

「塞翁失馬」的典故出自《淮南子》。邊塞有一位擅長占卜的老人，他家的馬無緣無故跑到胡人之住地。人們為此安慰他。那老人卻說：「這未嘗不是一種福氣呢？」過了幾個月，那匹遺失的馬帶著胡地的駿馬回來，人們又前來祝賀他。老人又說：「這未嘗不是一種災禍呢？」他的兒子好騎馬，有一次從馬背摔下跌斷大腿，人們前來慰問他，老人卻說：「這未嘗不是一種福氣呢？」過了一年，胡人大舉入侵邊塞，壯丁們都投入征戰。邊塞附近十分之九的壯丁都戰死沙場。惟獨其子腿瘸的緣故而免於征戰，父子倆得以同時保全性命。

因此，「塞翁失馬」不僅說明禍福之間時常互轉，不能以一時論定，更強調這種轉變是人間「化不可極，深不可測」的道理。人世間的憂樂悲喜有時難以分辨，如同我們最常掛在嘴邊的「是福不是禍，是禍躲不過」正說明世間萬事必須從不同的角度去看待，有時失去的，並非真正的失去；而得到的，也難保是真正的獲得。看來，重新看待禍福的真正意義有其必要，而世間只看眼前一時的成敗得失，常常是失之膚淺，禁不起考驗。如何從更深遠的角度去避禍得福，也是我們應該學習的方法。

歷久彌新說名句

「禍福之轉而相生」因此不必因為遭逢不幸就消極悲觀，毋須太重視意外得來的福份，以免樂極生悲，而應以平常心來面對世事。

唐代柳宗元相交多年的好友王參元，其人才德兼備，但因家財萬貫使好廉名士有所避諱，不願與之交往。朋友們想向朝廷薦舉他，但都怕蒙受收賄之嫌而迴避。後來王家失火將其家產焚燬殆盡，柳宗元得知消息之後，反而寫了一封〈賀進士王參元失火書〉向他祝賀。看似違反常理，但柳宗元在信中提到，這次失火讓「眾之疑慮，舉為灰埃」眾人的懷疑與顧慮全部變為灰燼，同時也是「祝融回祿之相吾子也」意謂火神祝融、回祿在幫助王參元，讓了解他才華的朋友們可以無所顧忌地與其交往，並為其延譽。這正好讓赤貧如洗的王參元，有施展真才實學的機會，故值得發書慶賀一番。柳宗元以「賀喜」之名，行「告慰」之實，說明這場災禍未嘗不是因禍得福的契機。

山窮水盡疑無路，柳暗花明又一村，人生處處潛藏令人想像不到的機會或挫折，遇得意之事，無須高興太早；遭失意之苦，也別難過太久，因為「塞翁失馬，焉知非福」當上帝關閉一扇門，必定也會為你開啟一扇窗。

焚林而獵，愉多得獸，後必無獸

名句的誕生

焚林而獵，愉[1]多得獸，後必無獸；以詐偽愚[2]人，雖愉利，後無復。

～淮南子・人間

完全讀懂名句

1. 愉：古「偷」字，有貪求之意。
2. 愚：欺騙、作弄。

語譯：以焚燒森林的方式來打獵，貪求可以獲得大量的野獸，然而以後就沒有野獸可獵捕了。使用欺詐、虛偽的手段來欺瞞愚弄別人，即使可以一時貪得獲益，但以後將不再能得到好處了。

名句的故事

「焚林而獵」與成語「竭澤而漁」意義相同，都在說明只圖眼前利益，不為長遠打算的短視做法。

春秋時期晉文公將在城濮與楚國交戰，召來大臣咎犯（狐偃）詢問作戰方針。咎犯回答：「行仁取義之事，盡忠守信的原則不嫌多；但作戰佈陣之事，得用欺詐、虛偽的做法才能取勝。」晉文公後來又徵詢另一大臣雍季的意見，雍季則回應說：「焚燒森林來打獵，用不當之法是可以獲得大量野獸，但是以後就沒有禽獸可獵捕了。使用虛詐的手段也是如此，雖然可以取勝於一時，可是下次再用就無效了，依正道而行才是長遠之計。」最後，晉文公在實戰中採用了咎犯詐偽的策略打敗楚國。然而戰勝返國後論功行賞之時，雍季獲得的賞賜卻比咎犯高，大臣們均覺有異，以為文公獎賞有誤而紛紛勸諫。晉文公清楚說明：「咎犯的建議，只是因應一時的權宜之計。而雍季之言，卻是為了國家萬世的利益。我怎能先賞一時採用權宜之計的人，而後賞提供萬代獲利之計的人呢？」

這個故事在《韓非子‧難一》與《呂氏春秋‧義賞》都有記載，雍季的一番話演變成了成語常使用「竭澤而漁，焚林而獵」之說，用來比喻盡其所有，不留餘地的取利，乃是一種短視近利、殺雞取卵的做法，將無益於成就功業。

歷久彌新說名句

據《史記‧卷三‧殷本紀》記載，商湯出遊時見一獵人在原野架設四面的天羅地網，並向天祝禱祈求說：「不論是天上飛的、地下鑽出或四方奔跑的鳥獸，皆入我網。」商湯忍不住感嘆此舉如同將天地萬物一網打盡，豈不是趕盡殺絕嘛！於是下令獵人將羅網去掉三面，並教導獵人向天默禱說：「想逃左就左逃，想逃右就右逃，只剩那些不想活命的飛禽走獸，才進入我的網內吧！」漢水以南的部族，聽到此事無不紛紛讚美商湯的仁德被及禽獸。南方四十部族也心悅誠服一一歸順。後人根據這個故事，而有「網開一面」一詞，意指心存寬大仁厚之心，對犯錯的人從寬處置。也就是說，當我們身處絕對的優勢地位時，要留有餘地，不要把事情做絕了，否則利空出盡，最終亦得不到好處。

春秋時期天下打過勝仗者何其多，晉文公能成為春秋五霸之一，就在於他知道勝利該如何正當取得。無論國際利益或競爭激烈的商業利益皆是如此，面對保護地球，環保觀念的養成更該如此。以環境保護的角度而言，在獲取自然資源與發展物質文明之間，應該做到留有餘地，網開一面，才能贏得永續發展的和諧局面。

仁者不以欲傷生，知者不以利害義

名句的誕生

仁者不以欲傷生，知者不以利害[1]義。聖人之思修[2]，愚人之思叕[3]。

～淮南子・人間

完全讀懂名句

1.害：損害、妨害。

2.修：長遠。

3.叕：音ㄓㄨㄛˊ，有短淺、不足之意。

語譯：有仁愛之心的人不會因為自己的欲望而去傷害生命，有智慧的人不會因為謀取利益而損害大義。聖賢之人在思考問題時會想得較為長遠，愚昧的人在思考問題時則顯得見識短淺。

名句的故事

本則名句乃根據「弦高退敵」（弦高犒師）的愛國故事，引出鄭國商人弦高智退秦兵，拒不接受鄭伯獎賞之史例，說明「知者不以利害義」的真智慧。

春秋時期的鄭國商人弦高以賣牛為業，在前往周王室經商做買賣的途中，看見秦軍的隊伍浩浩蕩蕩行軍數千里來到此處，心覺有異，認為應是來者不善，可能意圖偷襲鄭國。於是弦高急中生智，趕著自己的牛群，假託鄭穆公之命任使臣代表，以十二頭肥牛來犒勞秦軍，以此表示鄭國已預知秦軍來襲的詳情。秦帥孟盟因此誤以為鄭國早已知情，防備必固，遂撤兵而返，使鄭國避免了一場亡國的大災難。

鄭穆公得知之後認為弦高的機智保全國家有功，想要重金獎賞弦高。弦高卻推辭說：「誕而得賞，則鄭國之信廢矣。為國而無信，是俗敗也，賞一人而敗國俗，仁者弗為也。以不信得厚賞，義者弗為也。」意思是如果我以欺騙而得到賞賜，鄭國誠實的風氣與信用就會敗壞。因為國家的利益而欺騙說謊，是風俗敗壞的表現；因為獎賞一個平民而使國家的風俗損壞，仁者是不會做這樣的事；憑著欺騙而得到豐厚的賞賜，行義之人是不會接受的。於是弦高帶領家人遷徙到東邊少數民族地區，一生不再返回鄭國。

弦高以受賞將會敗壞一國重「信」之俗為由，堅辭不受賞，終生未返鄭國之舉，這種不貪名圖利的德行，正是「仁者不以欲傷生，知者不以利害義」的最佳寫照。

歷久彌新說名句

「仁者不以欲傷生，知者不以利害義」的真義，在人格操守與精神氣質中蘊含的大智慧，仁人智者不會因為對欲與利的貪求渴望，而「傷生」、「害義」。《文子‧上仁》中有一段藉著文子與老子間的問答，闡述行仁義者當順應天地間的自然法則：「不以欲傷生，不以利累己，故不違義而妄取。」真正的聖賢之人，安於任何環境，不因求取多得之欲而損害生機，不會因私利而傷害自己，因此不會任意索求而違逆了大義的正道。

「唇亡齒寒」成語典故，也在說明因貪欲與圖利而亡國的故事。《左傳》僖公二年、五年間記載，春秋時期的晉獻公欲滅虢國，但在晉和虢國之間隔著虞國國境，討伐虢國就必須向虞國借取道路才能出兵。晉大夫荀息看出虞君乃短視近利之輩，故建議以美玉和駿馬為引線，餽贈給虞國君王請求借道。虞君一見此稀世寶物便高興地允諾借道。虞國大夫宮之奇諫阻說：「萬萬不可！虞國和虢國就像唇齒相依的關係，沒有嘴唇，牙齒就會感到寒冷（唇亡齒寒）。我們虞、虢兩國相互依存，長期以來都是彼此幫助的戰略關係，萬一虢國被滅，我們虞國也難保了。」但虞君貪欲圖利珍寶之物而不聽。果然，晉國大軍借道虞國，順利地消滅了虢國，回程返國時順便又攻滅了虞國。

不當的的貪欲與求利，不僅「傷生」、「害義」，更是破壞世間秩序的禍源，如手足鬩牆，親友反目，覆宗滅族之事時有所聞，此皆一念之私欲所害，吾人不可不慎。

非其事者勿仞也，非其名者勿就也

名句的誕生

非其事者勿仞1也，非其名者勿就2也；無故有顯名者勿處也，無功而富貴者勿居也。夫就人之名者廢，仞人之事者敗，無功而大利者後將為害。

～淮南子・人間

完全讀懂名句

1. 仞：通「認」，承擔、承認。
2. 就：接受、依從。

語譯：不是自己應該做的事就不要承擔，不是自己該得到的名聲就不應接受；沒有任何原因卻能使自己聲名遠揚的事，就不該讓它存在，沒有功勞而得到的富貴也不要去享受。把

屬於別人的名聲接收過來終將被人唾棄，承擔他人的事情最終也會失敗，沒有功勞卻能獲取大利益的，日後也將帶來禍害。

名句的故事

「非其事者勿仞」、「非其名者勿就」是在說明人臣事君之道，不是自己該承受的福報或利益，就應知足知止而不該貪圖接受。

《晏子春秋》記載：春秋時期的齊國賢臣晏子，在臨老退休時請求「辭邑」（指辭官退休後，歸還自己原先享有的封邑領地），齊景公不允。景公對晏子說：「你做到丞相高位，我還要賞賜給你高額的市集稅收，讓福澤被及你的後代子孫，如今你卻要歸還領地，我可不答應！」然而，晏子卻認為個人享祿的原則應

是：「事君者，稱身而食，德厚而受祿，德薄則辭祿。」為官者應該衡量自身的才德享受俸祿，德高當可無愧享受俸祿，德薄就該辭謝俸祿。晏子執意認定自己德薄無能而厚受祿的話，不僅掩損君王知人善任的智慧，也玷污身為人臣潔身自好的品行，因此堅持不接受景公的厚賞。最後晏子將領地上繳回朝廷之後，只留下一輛破車以做歸鄉之用。

齊國在晏子輔佐下國勢大盛，可算是功不可沒的一代賢相，即便以晏子所言「德祿」必須相符的角度來衡量，享受厚祿更是理所當然。但他不但不居功自傲，反而謙稱自己無功受祿，要求繳回國家賜給他的領地，表現出政治家廉潔奉公、兩袖清風的美德，留下後人廉潔的為政者典範。

歷久彌新說名句

《列子．說符》也說了類似的事例：戰國時期，道家早期的代表人物列子，家徒四壁，常面有飢色。有位賓客對鄭國丞相鄭子陽說：「列禦寇（列子）是有道之士，在鄭國卻貧困到這樣的景況，您豈不是給人一種不喜歡有道賢士的壞印象嗎？」鄭子陽聽後立即命令官員送給列子米糧。列子拜謝使者後堅持拒收米糧。列子之妻極不諒解地抱怨列子把安逸的生活往外推。列子笑說：「國君並非因為了解我而送米糧，只不過是聽人一面之辭才送來的；也許日後有人毀謗中傷我時，也會降罪於我，因此這是我無法收受不勞之所得的原因。」最後，老百姓果然舉兵起事，殺死無道的鄭子陽。

孔子與列子、晏子都是真君子，所謂君子有所取，有所不取，身為朝廷人臣或現代的職場看來，不僅要懂得「非其事者勿仞也」的明哲保身，也要有「非其名者勿就也，無功而富貴者勿居也」體會三思而後行。

愚者有備，與知者同功

名句的誕生

聖人敬小慎微，動不失時；百射[1]重戒[2]，禍乃不滋[3]。計福勿及，慮禍過之。同日被霜[4]，蔽者不傷。愚者有備，與知者[5]同功。

～淮南子・人間

完全讀懂名句

1. 百射：各種事項皆有預備。
2. 重戒：審慎戒備、防範。
3. 滋：滋生、增長。
4. 被霜：遭受霜寒之害。
5. 知者：知，同「智」。有智慧的人。

語譯：聖人對細微的事情抱持著警慎的態度，行動也總是不會錯過合宜的時機；多所防範預備，嚴密的審慎戒備，禍患才不會產生。對會得到好結果的事不用太計算或想太多，對於可能有困難或禍患之事，則要嚴密地思慮防備。同在一天遭受霜寒之害，採取遮蔽措施的人便不會受到傷害。庸愚之人遇事若能謹慎準備，可以和有智慧的人獲得同樣的收穫。

名句的故事

這句名言在強調行事必須認真對待，要多慮禍、多審慎戒備，即便是愚庸的平凡人，也能與智者一樣避禍得福，安居於世。

春秋時期的齊國大臣御鞅理解這樣的道理，於是向齊簡公說：「陳成常和宰予兩人，彼此嫌隙仇怨很深，我擔心他們會造成禍難而危害國家。君王您不如除去其中一人吧！」齊簡公並沒有聽從這個建議。不久，陳成常果然在朝廷中殺害宰予，接著又弒殺齊簡公。善於收買人心的陳成常另立平公，自立為相。這些禍患都是不知「敬小慎微，動不失時」造成的遺憾。

「有備」至少可以有「無患」的效果，「有備」也是趨近成功的重要因素。聖人敬小慎微，所以動不失時；君子敬謹慎獨，因此行不招咎。聖人用敬慎的態度處理細小的問題，不輕舉妄動，待時機恰好時，再採取適宜的做法，謹防造成錯誤或無可挽回的損失。「愚者有備，與知者同功」，智與愚可以轉換，只要下足功夫，因為機會永遠是給準備好的人，一如龜兔賽跑故事中的烏龜一直朝向著目標前進，不就跑贏了驕傲的兔子嗎？

歷久彌新說名句

唐朝魏徵在歷史上以敢於犯顏直諫著稱，在上呈〈諫太宗十思疏〉一文述及：「求木之長者，必固其根本；欲流之遠者，必浚其泉源；思國之安者，必積其德義。」向唐太宗說明想要樹木長得高大，一定要先穩固樹的根柢；想要河水流得長遠，一定要先疏通源頭；而想要使國家安定，一定要積德行義。魏徵以簡單的比喻興義，強調木長則須固本，流遠則須浚源，國安則須積德，將重點全都集中在治國必須從「積其德義」開始，對自己的怠惰驕奢一定要審慎戒備，禍患才不會產生。

因為民心向背，如同水能載舟覆舟，也如奔車朽索般。治國者理當平日就謹慎修為其德行。雄才大略拔群的唐太宗和膽略見識過人的魏徵，這一對明主賢臣，是中國歷史上令人稱羨的遇合，如魚得水，相得益彰，造就了歷史上令人稱羨的豐功偉業。

平日若能無事常如有事時，提防才可以彌意外之變；有事常如無事時，鎮定方可以消局中之危。

人皆務於救患之備，而莫能知使患無生

名句的誕生

人皆務於救患之備，而莫能知使患無生。夫使患無生，易於救患，而莫能加務[1]焉，則未可與言術[2]也。

～淮南子・人間

完全讀懂名句

1. 加務：更加竭盡心力
2. 術：方法、策略。此指君王控制與任用群臣的策略。

語譯：一般人都會致力於挽救禍患的準備工作，卻沒有人懂得如何使禍患不產生。要使禍患不產生，其實比挽救禍患還容易，但沒有在這方面盡力去做，就無法談論控制和任用群臣的治國之道了。

名句的故事

天下之事常常開始發生於「至微」之處，但也由於人們的輕忽，最終釀成大患，這樣「隱患」的教訓，是治理國家、籌劃大事的人應該注意的地方。

《淮南子》記載，春秋時期晉國公子重耳因王室爭變而流亡曹國。曹共公不僅未以禮相待，還因聽說重耳「駢脇」（即肋骨相連如一骨），故意讓他光著身子到河邊捕魚。曹大夫釐負羈勸阻曹共公說：「這位晉國公子不是平凡的人，跟隨他的三位侍從也都是創立霸業、王業輔佐的賢才。你對他無禮，不僅有失一國之君的體統，將來一定會造成國家的隱患。」

但曹共公並不採納此諫。果然重耳返回晉國成為晉文公，便起兵伐曹，滅了曹國。曹共公因為目光短淺而「莫能知使患無生」，最後使自己身死人手，社稷朝廷也成為廢墟。

其實重耳返晉滅曹的原因，未必出於曹共公觀其駢脅之辱，但這故事說明了防止禍患萌生應重於「救患之備」。畢竟禍患的來由萬端無方，殊難預料，只有察微知著才能防患於未然，特別是從政治國者，須將眼光放遠，以小見大，方能避禍得福而長治久安。

歷久彌新說名句

犯罪心理學有所謂「破窗效應」的理論，認為倘若有人打破房子的窗戶玻璃，又未能及時修繕，一般人經過時可能會受到暗示，認為這間房子是可以隨意破壞的，而跟著破壞窗戶，最終導致鄰近區域的犯罪率升高。這個「破窗理論」與台灣俗諺所稱的「細孔不補，大孔艱苦」意義相通，均認為環境或人為的不良現象若被放任存在，將會誘使人們仿效，甚至導致重大犯行。

在《史記・扁鵲倉公列傳》中也有一段文字說明「莫能知使患無生」的教訓。

扁鵲是春秋時期諸侯們爭相邀請的名醫，有一次他入朝謁見齊桓侯，告知齊桓侯有疾病入侵腠理（腠，音ㄘㄡˋ；指皮下肌肉間的空隙和皮膚的紋理），提醒他要及時醫治，否則病情將會加重加深。但齊桓侯向左右侍者說：「醫生貪名好利，想拿沒病的人來顯示自己的本領。」就這樣，扁鵲連續拜見桓侯三次，桓侯卻「不見棺材不掉淚」，放任病情由血脈、腸胃，最後深入骨髓，等齊桓侯病重想求扁鵲醫治時，早已藥石罔效，不治而亡了。

隱患的問題在其會由小變大，問題也在於「變」字，曹國滅亡與扁鵲診病的故事道理相同，癥結就在「人皆務於救患之備，而莫能知使患無生」。歷史中因小失大的覆轍一再重演，「使患無生」的癥結，就在於培養見識細微處可能會產生隱憂的智慧，只是這個道理能察覺體悟的人實在不多！

智者離路而得道，愚者守道而失路

名句的誕生

智者離路而得道，愚者守道而失路。夫兒說[1]之巧，於閉結[2]無不解。非能閉結而盡解之也，不解不可解也。至乎以弗解[3]解之者，可與及言論矣。

～淮南子・人間

完全讀懂名句

1. 兒說：音ㄋㄧˊ ㄩㄝˋ。戰國時宋國大夫，以善辯聞名。
2. 閉結：打死的結，固而難以解開之結。
3. 弗解：弗，音ㄈㄨˊ，不。不解開的方法。

語譯：聰明的人懂得變通，而找到更好的道路途徑；愚笨的人死守著一條路，卻失去了可以通達的道路。宋國大夫兒說極具智巧，沒有什麼死結是解不開的；其實他不是任何死結都能解開的，他只是不勉強自己去解那些解不開的結罷了。至於那些能以「不解開的方法」來解開結的人，就可以與他深入談論道了。

名句的故事

「智者離路而得道，愚者守道而失路」揭示古代君臣之間對應的智慧，勸諫遊說的原則均須因人、因時而用，才有成功的機會。

春秋時期的魯哀公意圖在宮殿西邊空地上擴建宅院。陽宅風水學而言，在住宅西邊「興建樓房」是不吉之兆，尤其建築得越高大，遺害越大，故史官們力諫哀公。魯哀公想獨排眾議破除迷信，故詢問太傅宰折睢說：「我想向西擴建宅院，史官認為不吉，你以為如何？」宰折睢雖反對哀公擴建，但他回應哀公說：「天下有三樣不祥之事，往西擴建宅院不在其中。」魯哀公喜形於色地問：「何謂三不祥呢？」宰折睢回答說：「第一不祥之事即不行禮義，第二不祥之事是嗜欲無度，第三不祥之事則是不聽勸諫忠告。」魯哀公聽後反躬自省，打消堅持往西擴建宅院的心意。

其實史官們以為力爭強諫就可以勸阻，卻不明白使用「不力爭」的方式也可以被採納的道理。拿利害關係去勸阻哀公，哀公反而態度強硬；而宰折睢表面上聽從，反倒可以成功制止哀公的一意孤行。就像古代善於解開死結的兒說一樣，不去固執勉強地解開根本解不開的死結，以「智者離路而得道」的智慧，用另闢蹊徑或權衡變通的方式達到目的，才不會落得像「愚者守道而失路」般的墨守成規，找不到正確的出口。

歷久彌新說名句

世事萬物處於循環變化之中，不執守於一事一物、一情一理，隨時勢而權變，應當深知主宰外物而不為外物所役使之道。

《呂氏春秋・不苟論・貴當》提到一位齊國獵人，也是靠另闢蹊徑而間接成功。這位獵人平日怎麼努力也捕獵不到野獸。獵人思考獵不到野獸的原因，乃是因為他的獵犬不夠好，可是家中貧瘠，根本買不起好的獵犬。因此，他開始思考轉念：只要自己回家刻苦耕田，有收穫之後就可以買到良犬了，接下來他便開始每日勤事耕稼，幾年之後家境富裕，有錢買到好的獵犬，每次打獵的收穫總是超過別人，這也正是「智者離路而得道」的真諦。

人在遇到困難時，不必固執地勉為其難，有時暫時後退是為了日後的奮起前進。成語「刻舟求劍」的寓言正說明這個道理，故事出自《呂氏春秋》：有位楚人乘船渡江，不小心把劍掉落水中，他立刻在船舷邊刻下記號標明，說劍是從那裡掉下去的。待船停泊靠岸，堅持從刻記號處下水去尋劍，結果這位楚人自然找不到劍。這則楚人尋劍的故事，就成了後世用以譏諷那些固執又墨守成規，行事總是拘泥於概念而不切實際的人，而這種不懂得尋求變通方法的愚頑，也正是「愚者守道而失路」的最佳例證。

以一噎之故，絕穀不食；以一蹪之難，輟足不行

名句的誕生

今以為學者之有過1而非2學者，則是以一噎3之故，絕穀不食；以一蹪4之難5，輟6足不行，惑也。

～淮南子・脩務

完全讀懂名句

1.過：差錯，過失。
2.非：反對。
3.噎：食物哽住咽喉。
4.蹪：音ㄊㄨㄟˊ，跌倒。
5.難：災禍，本處指受蹪之難。
6.輟：停止，中斷。

語譯：如今只因為某些學者犯了過錯，就認為學者本身沒有任何助益，反對學者，這好比只因為吃東西曾經噎到，就不再進食；因為走路曾經不小心跌倒，就停止步伐不再前進，這是令人感到疑惑不解的。

名句的故事

這句話就是在反駁消極的學習心態，與教育者不可因少數人資質低劣就反對教學。首先從資質的優劣來說，《淮南子》列舉堯、舜、文王，與丹朱、商均來做對比，堯、舜、文王乃歷史上的聖人，就算沒有後天的教育學習，他們的行為處事也能不違背常理；相反的，丹朱與商均是歷史上的不賢之人，其資質之低劣而再嚴格的長輩與再賢能的老師都無法導正教化其劣行。

但學習者不能因為歷史上有這些低劣之人，就一概否定學習的功用，這就好比人並不會因為吃東西噎到就不再吃東西，走路不慎跌倒就不再走路一樣。何況大多數的人資質都位在中等「上不及堯、舜，下不及商均」，雖然不致像商均這樣不可教，但也不如文王之輩的賢達，所以更需要學習與受教化。

歷久彌新說名句

從至聖先師孔子開「有教無類」之先行後，教育一直是歷代讀書人著重之處，而對受教者資質的討論也不曾間斷。

早在先秦時期孔子就言「唯上智與下愚不移」中等資質的人才有辦法使之改變。漢朝董仲舒則說：「聖人之性，不可以名性；斗筲之性，不可以名性；名性者，中民之性。」斗筲即資質最為低下之人，意謂只有中等資質的人才可教化。到了唐代韓愈又進一步在〈原性〉篇將資質分為上、中、下三品：「上焉者善焉而已矣，中焉者可導而上下也，下焉者惡焉而已矣。」與前人的言論比起來，其實意思相近，只是換了個說法。

最後回歸到受教者本身來說，不管自身資質優劣，只要肯用心學習，持之以恆，一定能有所改變，畢竟聖賢而不需受教者與頑劣而不可受教者只是非常之少數，否則像孔子這樣的教育家都已經有教無類了，怎麼會有棄低劣之人於不顧的道理。

《淮南子》也以馬當例子，認為馬都可以因訓練馴服而服從人的指導，何況是人呢？

學亦人之砥、錫也

名句的誕生

明鏡之始下型1，矇然2未見形容。及其粉拭以玄錫3，摩4以白旃5，鬢眉微毫可得而察。夫學亦人之砥6、錫也，而謂學無益者，所以論之過。

～淮南子・脩務

完全讀懂名句

1. 下型：古代的鏡子為金屬製，這裡指鏡子剛成型，從模具中脫離出來。
2. 矇然：模糊，指剛成型未經打磨的的鏡子照不清楚。
3. 玄錫：玄，黑色。玄錫指黑色的錫粉。
4. 摩：通「磨」，打磨、拋光。
5. 旃：音ㄓㄢ，通「氈」，毛織品。
6. 砥：磨刀石。

語譯：明鏡剛成型，從模具中脫離下來時，還模糊而無法把人的面貌清楚反照出來。直到用黑色錫粉去擦拭，再用白色毛氈加以打磨光亮之後，不只鬢髮眉毛，甚至再微小的部分都可以清楚照見出來。而學習就像是人的磨刀石和錫粉一樣，那些說學習沒有用處的，實在是大錯特錯的言論。

名句的故事

《淮南子》接連舉了唐堯、虞舜、大禹、文王、皋陶「五聖」，再列舉禹的母親、契的母親、倉頡與后羿這「四俊」，說明這些天生資質優秀的人，每一千年能夠出一位這樣的人，已經很難得了。平常人「無五聖之天奉，四俊之才難」沒有這些天賦，就算要達到其賢才的境界也是很困難的，因此怎能不用心學習呢？

何況就算是天生資質高尚的人，也是需經由學習去點撥、觸發，資質才能有所用。資質的開發過程就像鐵匠鑄造絕世好劍，金屬的選擇當然是第一要務，優良的金屬就好比是人的天生資質，但再好的金屬也不會平白無故變成一把削鐵如泥的利劍，前後一定要經過烈火的焠鍊，與無數次的敲打，最終才能成就一把神兵利器。

學習的過程如同造劍時所經歷的火燒與敲打，雖然「聖之天奉」與「俊之才」對普通人來說是可望而不可及的，但天生的資質仍有可用處，就全看後天所受的學習過程。《淮南子》另外用了一個人想要渡河卻棄船不用，而想徒步走過去來比喻不肯學習只想依循天性的人；放任天性的人，就算資質再好，若不加以「砥、錫」，最終也只能成為沒有用的廢鐵。

歷久彌新說名句

宋代文學家王安石所著〈傷仲永〉，描述方仲永五歲不僅會寫詩，其詩作內容還很精采，但他的父親以其孩童之才為傲，不但沒有讓他接受教育學習，反而帶著他四處炫耀。過了幾年之後，王安石再見到仲永時，寫的詩已經變得普通，再過幾年又見到時，竟然已經變得與普通人沒有兩樣。

最後王安石感觸良多而下結論說：「其受之天也，賢於人材遠矣；卒之為眾人，則其受於人者不至也。」天所賦予的資質是遠勝過一般人的；最後變成跟一般人沒有兩樣，是因為沒有接受人為的教育。不論資質優劣，若不學習，再好的天賦也是惘然，這道理是古今一同的。

知人無務，不若愚而好學也

名句的誕生

夫瘠[1]地之民多有心者，勞也；沃[2]地之民多不才者，饒[3]也。由是觀之，知人無務[4]，不若愚而好學也。

～淮南子・脩務

完全讀懂名句

1. 瘠：瘦弱，形容土地則指土地貧瘠，難以種植作物。
2. 沃：相對於瘠，地力肥沃
3. 饒：豐厚，富足，此處指生活條件富足。
4. 務：努力。

語譯：生活在土地貧瘠之處的人，面對事物往往特別用心，那是因為生活勞苦；生活在土地肥沃之處的人有很多人反而不成材，那是因為日子富足安逸。由此看來，聰明人如果不知道努力上進，是比不上愚笨卻好學的人。

名句的故事

這段話的最後雖然是以「不若愚而好學也」作結尾，看似強調為學的重要，但其實著重在用心。

《淮南子》的作者在文中提到盲人學琴的故事。盲人為何能撫弦彈琴？一方面是經過長久不間斷的練習，另一方面也是因為用心於彈琴這件事上，因為看不到，所以比一般人更為專注認真。除了用心之外，《淮南子》這裡還引導出另一個觀點：習慣。「使未嘗鼓瑟者，雖有離朱之明，攫掇之捷，猶不能屈伸其指，何則？服習積貫之所致」，離朱與攫掇（ㄐㄩㄝˊ ㄉㄨㄛˊ）分別是歷史上眼力極好與手腳敏捷之人，即使一般人擁有離朱的好眼力與攫掇的俐落手腳，若沒有經過長時間的練習，碰到琴一樣會一籌莫展，不知手指該放哪裡。「習慣」並不是我們平常所說的日積月累而成的自然動作，而是指經過長久用心練習而達到的境界，就像盲人彈琴。

「用心」與「習慣」兩者都是在強調為學的重要，但《淮南子》從不同的方面闡釋，〈脩務〉提出：中等之人更是要學習；人就像剛成型未打磨的明鏡，不學則無法清楚照物，等同廢物；本句佳言這裡則是強調用心與累積的重要。從分辨資質到強調用心，學習進程則是越來越往自身推展。

歷久彌新說名句

關於學習需要用心，歷史上有一則「管寧割席」的典故可以說明。這則典故出自於《世說新語》的德行篇。管寧跟華歆兩人一起坐在蓆子上讀書，突然有一個官員乘著轎子經過，管寧不為所動繼續讀書，華歆卻拋下書本跑出去看熱鬧。華歆回來後，管寧就拿出一把刀子把兩人同坐的蓆子割開，並對著華歆說，你這種人不是我的朋友。顯然管寧不屑於華歆不專心的讀書態度。

其實不只唸書，任何事情都是必須專心一致，從一點一滴的進步慢慢達到專業的程度，學如逆水行舟，不進則退。積極一點的想法，若今天沒有比昨天進步，明天又不能比今天進步，就等於是退步。《論語》也說：「日知其所亡，月無忘其所能，可謂好學也已矣。」每天都學到新的，每個月還不忘已經學過的，才能算是好學。身為現代人在學習上更應該藉此砥礪自身。

有符於中，則貴是而同古今；無以聽其說，則所從來者遠而貴之耳

名句的誕生

鄙人有得玉璞[1]者，喜其狀，以為寶而藏之，以示人，人以為石也，因而棄之，此未始知玉者也。故有符[2]於中，則貴是[3]而同古今；無[4]以聽其說，則所從來者遠[5]而貴之耳，此和氏之所以泣血於荊山之下。

~淮南子・脩務

完全讀懂名句

1.璞：玉的原石，還沒經過打磨加工。

2.符：證驗，準確的眼光或見解。

3.是：實際價值，指以心中的「符」去看待事物，能看到事物最真實的價值。

4.無：指內心無「符」。

5.從來者遠：指事物的來歷年代久遠。

語譯：有人得到玉的原石，喜歡它的形狀，覺得是寶貝而加以收藏，拿給人看，看的人認為那只是普通石頭，他就把玉石丟了，這就是不懂玉的人。所以內心如果有明確的證驗眼光，就會重視實際的價值，不會貴古賤今；若內心無明確的見解，只會聽別人說，認為來歷久遠的就加以重視，這就是為什麼和氏會在荊山下哭泣的原因。

名句的故事

《淮南子》一書中，很多故事與例子都喜歡用「聖人」與「俗人」來做對比，「聖人」不一定解讀為古時候的聖賢名者，在某些故事與例子中聖人不妨看做對某事物有專精，經

驗充足的人。在和氏璧的故事中，楚人卞和會接連被砍了雙腳，就是沒遇上玉石界的「聖人」，因而抱著玉石在荊山下痛哭。

多數人為何會有「貴古賤今」的心態？就是因為見識少而淺薄。通達物件本身道理的人不會為怪奇事物所驚嚇，明白道理的人不會被奇異事物所搧動，了解言辭的人不會被用語炫惑，慎查形貌的人不會被外觀欺騙。說穿了，就是要破除一般人對於事物的執見，而破除執見的方法，就是要靠不間斷的學習與實際經驗的累積而來。

歷久彌新說名句

先秦典籍《韓非子》記載「識途老馬」故事。

管仲與隰朋跟隨著齊桓公去攻打孤竹國。去孤竹國時是春天，等到打完仗欲返回齊國已是冬天，沿途的景色有了很大的改變，軍隊因此迷路找不到方向。這時管仲靈機一動，把軍隊裡的老馬放在隊伍的最前面，眾人在後面跟著走，終於找到正確的歸途返回齊國。

雖然管仲所提出的建議是利用老馬的智慧，但實際上帶整個軍隊脫困的，就是老馬對於路途熟識的經驗。智慧，就是所學加上實際經驗所累積而成的。

以赤壁之戰來說，孔明與周瑜同時看出曹魏的士兵不善於水戰，才設計出讓曹魏的船用鐵鍊綁在一起，最後才有著名的火燒連環船。雖然曹操也是以兵略滿腹著稱，但是對於水戰沒有半點經驗，就算腦中玄機萬卷也無用武之地，因為相較於孔明與周瑜，曹操胸中掌握不到水戰的「符」，所以最終以敗戰收場。

君子脩美，雖未有利，福將在後至

名句的誕生

夫事有易成者名小，難成者功大。君子脩美[1]，雖未有利，福將在後至。故詩云：「日就月將[2]，學有緝熙[3]于光明。」此之謂也。

～淮南子・脩務

完全讀懂名句

1. 脩美：脩，勤勉、致力於某事。美，善道。脩美意為勤勉於維持善道。
2. 日就月將：就、將，皆有完成之意。日就月將：意指每天完成一點，每月達到一些。
3. 緝熙：緝，音ㄧˋ，通「熠」，明亮。熙，光耀。

語譯：一件事情若容易完成，那獲得的名聲就會小，難以完成的，做成了功勞就大。君子修養善道勤勉不懈，短時間內雖然看不見明顯的利益，但往後一定會有好處的。所以《詩經》說：「每天完成一點，每月達到一些，那麼所學習修養的目標自然會大放光明。」就是這個意思。

名句的故事

學習貴在持之以恆的累積而不求速成，求速成是短視近利的作法，並不會為自己的學習帶來幫助。

《淮南子》先是用了舞者與以爬樹為特技的表演者為例。「夫鼓舞者非柔縱，而木熙者非眇勁，淹浸漸靡使然也。」跳舞的人不是生來就身體柔軟，擅於爬樹的人也不是天生就身手靈活，他們能力的養成就像把東西長時間泡在水裡，使其慢慢濕潤一樣，是花了許久時間慢慢訓練而成的。

學習若只想要求速成，就會像藤蔓類的植物一樣，雖然每天的生長極為明顯，肉眼即可看出其長度的增加，但是卻柔捲而不堪為建材。相反的，「楩枏（ㄆㄧㄢˊ ㄋㄢˊ）豫章之生也，七年而後知，故可以為棺舟」，楩木、楠木之類的生長速度，往往令人無法察覺，總是要三年五載的時間，才可看出其變高變粗，但這樣的植物卻很適合拿來做棺木與船隻，因為內在質量夠厚實。

正因為慢工累積對於學習非常重要，所以結尾才又重複提到《詩經》的「日就月將」藉此勉勵人們學問功夫是需要日積月累的。

歷久彌新說名句

《中庸》說：「辟如行遠必自邇，辟如登高必自卑。」要遠行必先從近的地方開始走起，再慢慢漸行漸遠；要往高處爬，也必定是先從低的地方開始往上，再逐漸攀爬至頂峰。《老子》一書也有類似的話。「合抱之木生于毫末，九層之臺起於累土，千里之行始於足下。」都是在暗示萬事萬物「起頭」很重要，若不肯踏出第一步，則永遠只會在原地踏步，無法有所前進。

大家應該都知道「鐵杵磨成繡花針」的故事。詩仙李白幼年，某天在玩耍時見到一位老婆婆拿著一根鐵棒在石頭上打磨，李白問老婆婆在做什麼？老婆婆回答說要把鐵棒磨成針，李白聽後忍不住大笑，可是老婆婆卻說：「滴水都可穿石，鐵杵又怎麼會無法磨成繡花針？」李白聽完猶如當頭棒喝，從此之後，努力向學，終於成就了一代詩仙。

這故事也可呼應前面所提到的，李白對常人而言已是資質高上之人，但其學問也是憑藉自身努力如滴水穿石般一點一滴積累而成，才能寫出如此千古佳作，身為資質平庸的我們，又怎麼敢懈怠而不努力呢？

賞善罰暴者，政令也；其所以能行者，精誠也

名句的誕生

夫矢之所以射遠貫牢[1]者，弩力也；其所以中的[2]剖微[3]者，人心也。賞善罰暴者，政令也；其所以能行者，精誠也。故弩雖強，不能獨[4]中；令雖明，不能獨行，必自精誠所以與之施道。

～淮南子・泰族

完全讀懂名句

1.貫牢：貫，貫穿。牢，堅固，如「牢不可破」。貫牢為射出的箭穿透堅固的東西。

2.的：箭靶、目標。「中的」是弓箭射中目標之意。

3.剖微：剖，從中間分開，這裡指從中穿透。剖微為射出的箭穿透微小的東西。

4.獨：自己行動。「獨中」指弓箭自己射中目標；「獨行」則指政令自己實行。

語譯：箭所以能射得遠，並穿透堅固的東西，靠的是弓本身強大的力量；但是之所以能射中微小的東西，憑藉的就是人心對弓箭的掌握。賞善罰惡是政治上的法令；但政令之所以能夠推行，靠的就是精誠的人心。所以弓即使再強大，箭也無法自己射中目標；法令再嚴明，也不會自動推行，一定要有精誠所至的精神去推動才能施行其道。

名句的故事

此段論述，即在強調「人心」的至誠。人心的至誠，實際上不只可以應用於人事上的應

對進退，自然界的環境也是如此。《淮南子》開頭就先以天地日月來說明：天高地厚、晝日夜月，陰陽變化都不是自然刻意去做作的，只是遵循「道」，而這個「道」是什麼呢？體現在更廣大的範圍裡，就是高山深林不會因為沒有虎豹就不生長，巨木繁枝也不是專為飛鳥而生，深淵流水也不是因為蛟龍的徘徊才存在，這是因為自然對待萬物的精誠之心一視同仁，沒有等級和條件的差別，所以萬事萬物各有其所，沒有誰是因誰而存在。

套用在人事上，《淮南子》舉了孔子當魯國司寇時，行人路不拾遺而且商人不會亂哄抬商品價錢；宓子賤統治亶父這個地區時，要捕魚者釋放小魚，只抓大魚等例子，說明這些行為都不是法律條文的硬性規定，然而百姓容易做到靠的就是以精誠之心去做事及待人，政令若沒有精誠之心去實施推動，那麼賢明的政治終究只是文書上的法律條文，一切將淪為空談而無法實行。

歷久彌新說名句

正所謂上行下效，《論語》裡有這樣的話：「君子之德，風；小人之德，草，草上之風，必偃。」把君子的德行比喻為風，小人的德行比喻為草，當風從草上面吹過時，草一定會倒，以「風行草偃」形容小人被君子的德行所感化。而這些要遵守的常規，就是需要君子的精誠之心去感化，平民百姓才能收到潛移默化之效而不破壞良規。

小辯破言，小利破義，小藝破道

名句的誕生

功約[1]易成也，事省[2]易治也，求寡易贍[3]也。眾易之於以任人，易矣。孔子曰：「小辯破言[4]，小利破義，小藝[5]破道，小見[6]不達，達必簡。」

～淮南子・泰族

完全讀懂名句

1. 約：簡單，簡約。
2. 省：簡單，容易。
3. 贍：充足，滿足。
4. 言：大道理，重要的道理。
5. 藝：技藝，技巧。
6. 見：見識。

語譯：事功簡單就容易成功，事情容易也就可以輕易達成，要求少就容易滿足。眾人都覺得簡單的原則，運用在用人方面，這樣用人一事也簡單。孔子說：「辯論爭執會破壞言語中的大道理，執著小利會破壞事物的大義，要小技巧會破壞事物的道理，見識淺薄就不能通情達理，能通情達理的道理必定是簡明扼要的。」

名句的故事

這一段名句，其內涵思想可以分成兩個部分來說明。

第一是化繁為簡、功約易成：要測量一段不短的長度，若一寸一寸地測量，那麼測至丈時一定會產生誤差，不如一開始就以丈為單位來測量。有更快的方法就不要拐彎抹角，這樣事情的完成才能有效率，並且容易完成。

第二是不存偏見：雖然《淮南子》都是以「小」來形容，「小辯」、「小利」、「小藝」，並不是大小的小，而是指所見的盲點，也可以說是因為淺薄而造就的盲點。「海不讓水潦，以成其大；山不讓土石，以成其高」，大海就是因為不怕水的堆積，所以海能成其大；高山不拒絕任何土石，所以山能成就其高。

整個意思實際上是為了為政者而解說，身為一個當政者，所行的法令規矩若不懂得化繁為簡，那將會使百姓的生活動輒得咎，管理國家反而變成擾民；而統治者的目光若無遠見，只求近利或只看見單方面的問題，則容易顧此失彼，無法使國家安寧。

歷久彌新說名句

從三國的歷史故事也可以佐證「小見不達」的案例。蜀國攻打魏國失敗最大的轉捩點，就是失守街亭。當初孔明是憑藉馬謖熟讀兵書知曉謀略，才派他去鎮守最重要的關卡，但這個整個過程產生了兩個「小見」。一是孔明未掌握馬謖性格上的剛愎自用，所以在紮營地點的選擇上，馬謖不聽王平之勸而選擇了錯誤的地點；二是馬謖只會紙上談兵的「小見」忽略了戰略經驗的累積，所以只懂得要將營區停在高處以便「居高臨下」可以監視敵軍，卻忽略了該處地形的走勢，最後因為水源被斷而兵敗。

馬謖的兵敗街亭，又引發了另一個故事，就是孔明要弄司馬懿的「空城計」。空城計的成功，就是在於孔明掌握司馬懿性格上的多疑，與其說是多疑，倒不如說司馬懿也是敗給了自己的「小見」。

大政不險，故民易道；至治寬裕，故下不賊；至忠復素，故民無匿

名句的誕生

位高而道大者從[1]，事大而道小者凶[2]。故小快[3]害義，小慧害道，小辯害治，苛削傷德。大政不險[4]，故民易道；至治寬裕，故下不賊[5]；至忠復素[6]，故民無匿。

～淮南子・泰族

完全讀懂名句

1. 從：順利、順遂。
2. 凶：困難、阻礙。
3. 快：一時之快，指沒有妥善思考，因而衝動施行的舉止或想法。
4. 險：偏頗，旁門左道會導致凶險。
5. 賊：傷害、殘害。
6. 素：樸素、純潔。

語譯：地位高而所行的道又廣大，就容易順遂；所做的事大但所行的道卻小，就會遭受阻礙而不順利。所以不經三思而逞一時之快會妨害大義，耍弄小聰明會妨礙大道理，巧言詭辯會阻礙事情的治理，苛薄會害了德行。大道之政不會偏頗，所以人民容易遵守而步上正軌；好的政治法令其實是寬容的，所以上下之間不會互相傷害；最大的忠誠是復歸樸素純潔，所以百姓不會有欺上瞞下的行為。

名句的故事

這段名句的主要意思，是在表達聖人有見微知著的能力，所以行為政令能不失偏頗，而達到君民和諧的境地。此段落開頭就說賢明的

君王在施政設教的時候，會事先考慮整個前因後果再去頒定命令，有能力的君王，不會見一事做一事，有挖東牆補西牆的行為，所以能夠「見其造而思其功，觀其源而知其流，故博施而不竭，彌久而不垢」意思就是事物在創造、發展之初就能預知後果，觀察其本源就知道末流會到哪裡，所以其德政才能廣博施行而不會匱乏，即使時間久了，也不會不合時宜。

歷久彌新說名句

漢文帝有個廷尉名叫張釋之，有次文帝出巡，有個百姓沒遵守當時交通管制的法令，驚嚇到文帝座車的馬，文帝震怒，覺得應該重罰此人，可是張釋之只用一般違反交通的處罰去執行，讓文帝非常不以為然，然而張釋之解釋道：「法者，天子所與天下公共也。」法律條文是天子與全天下人所應共同遵守的，一樣是違反交通法規，怎麼可以因為這個人是驚嚇到皇上的馬，就要加重處罰，最後文帝終於折服於張釋之的說法，也瞭解到法律之前人人平等的道理。

早在孔子時期，就已說過：「禮樂不興，則刑罰不中；刑罰不中，則民無所措其手足。」禮樂這些基本的教育觀念若沒有風行，那麼刑罰會難有適當的標準；一旦刑罰沒有適當的標準，那麼百姓民眾就會動輒得咎、手足無措。孔子與張釋之都是有智慧又能見微知著的人，孔子看到了要處罰之前就得先教育，要讓百姓知道是非對錯，如此一來，做錯事才能名正言順的處罰；張釋之則了解法律之前人人平等的道理，政令法規不會因人而異而有所變動。以本篇佳句的應用來說，這兩人都達到了「大政不險，故民易道；至治寬裕，故下不賊」的境界。

事有利於小而害於大，得於此而亡於彼

名句的誕生

愚者惑於小利而忘其大害：昌羊[1]去蚤蝨而人弗席[2]者，為其來[3]蛉窮[4]也；貍執[5]鼠，而不可脫[6]於庭者，為搏[7]雞也。故事有利於小而害於大，得於此而亡於彼者。

～淮南子・泰族

完全讀懂名句

1. 昌羊：植物名，菖蒲。
2. 弗席：不會拿來編製草蓆。
3. 來：招來，引來。
4. 蛉窮：蛉，音，ㄌㄧㄥˊ。蛉窮即蚰蜒ㄧㄡˊㄧㄢˊ，一種小蟲，有多對足，狀似蜈蚣。
5. 執：捕抓。
6. 脫：解放，此指放任貍在庭院行走。
7. 搏：抓取，撲打。

語譯：愚昧而無法宏觀全局的人往往會被小利所迷惑而忽略大害處：菖蒲可以去除跳蚤、蝨子，但是人們不會用它來編製草蓆，因為那會招來蛉窮這類的蟲子；貍貓會抓老鼠，但是不能放任牠在庭院裡胡亂跑動，因為牠會撲殺雞隻。這就是事物對小處而言是有利的，但放在大處來看卻是有害，在這方面是有所得，另一方面卻是失去的。

名句的故事

本段文字，主要是表達「仁」、「知」的意義。《淮南子》接著說：「偷利不可以為行，而智術不可以為法，故仁、知，人才之美者也。」苟且得利無法成為德行，而奸巧詐術也不能成為一種法度，只有仁心與智慧才是美好的才能，也是為政者所必須具備的。為何繞這麼一大圈，又回到政治的方面？這是作者的高明之處，《淮南子》這部書本身就有為政治而做的目的存在，許多故事內容，最後結論都是與為政者的指導有關，但是若開口閉口教條訓示，未免流於說教而枯燥乏味，而且難有說服力。因此《淮南子》就舉例現實生活中「利小害大、得此亡彼」的故事來說明，看待事物若只貪圖小利，想靠小聰明去維護對自己有利的局面，卻不知這樣的偏見，只會讓自己損失更多，失去「大利」。

相對於「偷利之心」與「智術」的就是「仁心」與「智慧」，有仁心自然受百姓愛戴；有智慧則遇到困難自然能迎刃而解，這樣何必汲汲於小利與耍弄奸巧而不成熟的小聰明。

歷久彌新說名句

有句俗話說：「劉備報仇，因小失大。」關羽敗走麥城遭呂蒙殺害，劉備一時氣急攻心，於是揮軍進犯東吳。但劉備錯估雙方情勢，一方面蜀軍大舉進攻，把戰線拉得太長，兵力分散，糧草補給也不容易；另一方面是吳軍看出蜀軍的缺失，只須採取「守」字訣，即使蜀軍百般挑釁，沉住氣不輕易應戰。劉備無奈，只好將大軍安紮於夷陵樹林裡，沒想到這樣一來剛好給了吳將陸遜反攻的好機會，因為蜀軍紮營樹林之內，當時天氣乾熱，吳軍採取火攻之計連破蜀軍，擋不住吳國攻勢的劉備只能敗走而逃，最後懷著不甘之心在白帝城嚥下最後一口氣。劉備想為關羽報仇之心固然可理解，但他錯估蜀吳雙方的情勢，因兄弟之仇而失去理智大舉揮軍，最後造成張飛、黃忠等大將的殞落與軍民耗損。這就是沒有綜觀全局，以單方面的考量而造成更大的損失，後人評其為「因小失大」。

智過萬人者謂之英，千人者謂之俊，百人者謂之豪，十人者謂之傑

名句的誕生

舉天下之高以為三公[1]，一國之高以為九卿[2]，一縣之高以為二十七大夫，一鄉之高以為八十一元士。故知過萬人者謂之英，千人者謂之俊，百人者謂之豪，十人者謂之傑。

～淮南子・泰族

完全讀懂名句

1.三公：古代官制，三公僅次於皇帝以下，分別為丞相、太尉、御史大夫。

2.九卿：古代官制，九種中央部門的主要官員，分別是奉長、郎中令、衛尉、太僕、廷尉、典客、宗正、治粟內史、少府。

語譯：推舉天下才能高超傑出的人擔任三公的職務，任用諸國之中才能傑出高超的人為九卿之職，各縣才能傑出高超的人為二十七個大夫，各鄉才能傑出高超的人為八十一個元士。所以智慧能力在萬人當中屬頂尖的稱之為「英」，在千人之中脫穎而出的稱之為「俊」，在百人之中鶴立雞群的稱之為「豪」，在十人之中名列前茅的稱之為「傑」。

名句的故事

這句話可以視為古代的「人才論」。「明於天道，察於地理，通於人情，大足以容眾，德足以懷遠，信足以一異，知足以知變者，人之英也。」明白天道，細察地理，人情通達，性情寬容足以含納大眾，德行無缺可以懷納遠

人，誠信十足可以統合歧異，擁有懂得通變的智慧，這就是人中之英。

「守職而不廢，處義而不比，見難不苟免，見利不苟得者，人之傑也。」對於職務謹遵職守，待人處事一切以義為標準，不比附朋黨，遇到危難不苟且脫逃，見到利益不以非法的方式去貪取，這就是人中之傑。

從傑到英，可以發現有程度上的差別，就「傑」來說，所要求的幾乎都是做人的基本原則，而「英」的要求就複雜許多，不但上通天文下知地理，懷遠納近，還有對事物通達的智慧，這也可以說是「小、大」的分別。見識小而懂得把握做人基本原則者，就能勝任地方上父母官，因為行事公正不會有所偏頗；把握基本的做人原則，進而自我充實，對於事物有洞燭機先的能力，能夠應付從鄉到國的各種大小狀況，這就是中央部門所需要的人才。英、俊、豪、傑不僅是人才的分類標準，也是政府任用人才的評比方式，對的人務必放到對的位置，政治才不會紛亂。

歷久彌新說名句

很多時候，人才的適得其所而能發揮功用，遠比有沒有人才更為重要，身為漢朝開國功臣之一的韓信就是最好的例子。韓信早年沒有成就，被小混混欺負而忍受胯下之辱；貧困日子過不下去，窘迫到向在溪邊漂布的老婦討口飯，這樣的一個人怎麼看都不會有出息。然而他輾轉成為項羽的部下，可是屢次獻策卻不被重用，心灰意冷之下遂轉投劉邦陣營。在劉邦底下同樣不被重用，幸賴蕭何慧眼識英雄，甚至在韓信絕望離去之時，鞭策快馬「月下追韓信」，之後劉邦聽從蕭何的建議，為韓信登壇拜將，讓他有帶兵打仗的權責，才開啟了劉邦創漢的基礎。

千里馬固然難尋，但識馬的伯樂更是難得，對於君王來說，發掘人才首要條件就是當個識才的伯樂，再進一步適當運用人才，如此一來，天下大事必能順利施行。

橘樹之江北則化而為枳

名句的誕生

故橘樹之江北則化而為枳[1]，鴝鵒[2]不過濟[3]，貈[4]渡汶[5]而死。形性不可易、勢居不可移也。

~淮南子・原道

完全讀懂名句

1. 枳：又名「枸橘」、「臭橘」，果實類似橘，但是形小而味酸，不適合食用。
2. 鴝鵒：音ㄑㄩˊ ㄩˋ，鳥名。
3. 濟：音ㄐㄧˇ，河水名，也可稱作「沇水」。
4. 貈：音ㄏㄜˊ，同「貉」，外型似狐狸（也似浣熊）的野獸，俗稱「狗獾」。
5. 渡汶：「汶」，音ㄨㄣˋ，河水名，「渡汶」是指渡過「汶水」。

語譯：所以橘子果樹若是移植到長江以北的地方，就會變成臭橘，八哥鳥不能在濟水以北的地方過生活，狗獾只要渡過汶水便會死去。這是因為萬事萬物的外形與本性都不可任意改變、所處的地理位置或居住環境，也不能隨便更換的緣故。

名句的故事

當現代人為了無止盡的物質欲望而不斷嘗試扮演造物主時，《淮南子》卻早已告誡過當時的統治者「形性不可易、勢居不可移也」。

仔細閱讀〈原道〉的這句話，可以發現《淮南子》的作者很細膩地把一項物種區分成「外在形體」與「內在性格」兩部份，也高度強調外在生活環境的改變，必然對這些物種的這兩個部份產生影響，這種影響幾乎都是負面的。

即便〈原道〉認為橘子樹會勉強順應環境的改變而轉化為臭橘樹，但是別忘了，「橘樹之江北則化而為枳」這句話的前一句，已經先點出「今夫徙樹者，失其陰陽之性，則莫不枯槁」認為移植樹木時，如果任意改變這棵樹木原本的自然之性，通常都會枯死。

換句話說，《淮南子》認為天底下的所有自然萬物，都有一定的生理特性與生活習性，當然也會有固定的出現位置或生存環境，所以絕對不要奢望能用「人為」的方式，強加移動或改變。當自己順應自然、回歸本來的面貌與天性之後，也不要刻意干預其他物種的自然本性，因循萬事萬物原本的天性或特性，任由其恣意生存與發展。

歷久彌新說名句

早在《淮南子》成書之前，類似「橘樹之江北則化而為枳」的說法已經形成，因為這原本是《晏子春秋》所記載的故事。

有一次，晏子代表齊國出使楚國，楚王為羞辱他，故意在宴會上安排審問一位罪犯，說是齊國人，並且責問晏子：「是不是齊國人生來就喜歡偷竊？」晏子便回答：「橘生淮南則為橘，生於淮北則為枳。」利用水土等環境的相異，說明植物所產生本質與形貌的改變，以此比喻人性有善、惡之別，也是受到外在因素所造成，所以他反問楚王：「今民生長於齊不盜，入楚則盜，得無楚之水土使民善盜耶？」認為這個人在齊國原本不會偷盜，到了楚國卻變成盜賊，難道是楚國的環境會培養人們喜歡做盜竊之事嗎？晏子的機智善辯，讓楚王無話可說。「橘化為枳」常見用來說明同樣的事物，會因環境的變化而產生變異。

總之，萬物原本就有一套恆常的生長與運行規律，若是任意變動自然法則，有時可能如同「橘樹化為枳」一般，但更有可能造成一個物種的滅亡！

夏蟲不可與語寒雪

名句的誕生

夫井魚不可與語大（海），拘於隘也；夏蟲[1]不可與語寒雪，篤[2]於時也；曲士[3]不可與語至道[4]，拘於俗、束於教也。

～淮南子・原道

完全讀懂名句

1. 夏蟲：是指生活在夏天的蟬等昆蟲。
2. 篤：原意是專注、專一於某件事情，但若是用在較負面的例子上，則解釋作頑固而停滯不前的狀態，此處「篤」是拘束、侷限的意思。
3. 曲士：「曲」是局部、偏狹而不周全的意思。「曲士」指孤陋寡聞的庸俗書生或見識短淺的人，也可用來泛稱在德行上有缺失的小人。
4. 至道：中國古代學者眼中最完美的境界，也可稱作「大道」、「天道」。

語譯：生活在水井裡的小魚，無法與牠談論關於大海的事情，那是因為牠被狹小的居住環境所侷限；只能生活在夏季的昆蟲，無法與牠談論冰天雪地的寒冬景象，那是因為牠只知道自己生存的炎熱夏季；思想迂腐、見識短淺的人，不能和他談論「大道」、「至道」的境界與道理，那是因為他受到世俗觀念以及平日教育思想的束縛。

名句的故事

〈原道〉的這一段話是在告訴讀者，為了

避免溝通不良，所以在談論事情時，必須依照對方的能力、配合對方的程度，選擇適當的話題，不過這只是這句話表面的意思。

句中的「井魚」與「夏蟲」其實象徵著自然界中不能輕易變更的原始定律，「曲士」則代表了人世間早已無法挽回的既定風俗與習慣。不論「井魚」、「夏蟲」或者「曲士」，對《淮南子》的作者而言，都是一些「天生而然」的事物，無須絞盡腦汁地運用後天的人為力量去改變它，明顯區分所謂「自然」與「人為」兩大觀念，強烈否定了以「人為」來干預「自然」的正當性。

能夠體悟「至道」的聖人們，不會因私欲而利用人為的力量干擾周遭的其他事物，他們不需精確地計畫就能得到恰當的結果、不用開口說話就能讓別人相信他們，甚至不必周詳地思考、不必親身採取行動，事情就會成功圓滿，這是因為他們的精神與心靈已經和自然萬物相通，並與化生萬物的造物主相隨相伴了。

這段佳句除了主張不要以人為力量去干預原本的自然狀態之外，其實還激烈地批評當時一些不知變通的讀書人。這些「曲士」猶如「井魚」、「夏蟲」一般，見識短淺、目光狹隘，他們拘泥在世俗的陋習，被平日的教育思想所束縛，往往時局輕微變化就作繭自縛，為自己設下嚴格的防線，就像「井魚」被區區的一口小水井所困限、「夏蟲」不能適應四季變化一樣。

歷久彌新說名句

魏晉時代孫綽的長篇鉅作〈遊天台山賦〉寫道：「哂夏蟲之疑冰，整輕翮而思矯。」來諷刺世俗人士的目光短淺、格局狹隘，並用翱翔於天際的飛鳥比喻自身，鼓勵自己能在路徑險絕的天台山上，探尋平常人未能得見的峻秀奇景，也藉此說明自己不同於一般庸俗之輩，所以此刻正整理著輕柔的羽翼，準備一飛沖天，遨遊到嚮往已久的神話仙境。孫綽透過「夏蟲疑冰」與「輕翮思矯」的對比，期許自己能超脫於世俗觀點之外，這樣的器量確實能與《淮南子》並駕齊驅。而「夏蟲疑冰」、「夏蟲語冰」等相關詞語，從此成為後人用來比喻見識淺薄、鄙陋又拘泥於成見的常見形容詞。

「夏蟲」因為被四季的時間變化所侷限，因此不識寒冷，至於在《淮南子》中受到空間限制的「井魚」，也發展出「井魚之見」等成語常被用來比喻器量不足、見識短淺卻又自以為是的人。

子貢詢問交友之道，孔子回答他：「忠告而善道之，不可則止，毋自辱焉。」認為朋友若是不願接受自己的衷心勸告，必須停止開導的行為，千萬別自取其辱啊！孔子又說：「道不同，不相為謀。」當彼此的志向、理想不同而意見相左時，話不投機半句多，最佳的解決之道，其實是不要再相互往來與共事。若兩人的價值觀明顯不同，就難以和諧共處，又如何彼此商量或互相幫助呢？道不同都不能再繼續交往，對見識淺薄又頑固的人，那就更難與之相處了。

得在時，不在爭；治在道，不在聖

名句的誕生

昔共工[1]之力，觸[2]不周之山，使地東南傾，與高辛[3]爭為帝，遂潛於淵，宗族殘滅，繼嗣絕祀[4]。越王翳[5]逃山穴，越人熏而出之，遂不得已。由此觀之，得在時[6]，不在爭[7]；治在道[8]，不在聖[9]。

～淮南子・原道

完全讀懂名句

1. 共工：古代神話故事中的天神、水神。
2. 觸：是指共工以頭去撞不周山。
3. 高辛：「高辛氏」，即古代部落首領「帝嚳」。
4. 繼嗣絕祀：「嗣」是子嗣、「祀」是祭祀。
5. 越王翳：「翳」是戰國時代越國太子的名字，後來擔任越國的國君。
6. 時：「時」是指適當的時機。
7. 爭：「爭」是爭奪、爭鬥。
8. 道：自然、無為之道。
9. 聖：是指投機、智巧的小聰明。

語譯：遠古時代的水神共工，力氣很大，用頭去撞斷西北方的天柱不周山，使大地向東南方傾斜。但是他和高辛氏爭奪帝位失敗，只好潛入深淵之中不敢出來，最後整個宗族的子孫全都滅絕，連傳宗接代、祭祀先祖的後人都沒有了。而越國的太子翳，原本不願意繼承王位，躲進山上的洞穴中，後來越國人在洞外用火薰燒，這才不得已使太子翳出來當越王。由此可見，能否得到權勢或地位，取決於適當的時機，而不在於爭奪；治理國家取決於是否能遵循「大道」，不在於才智的傑出。

名句的故事

「得在時，不在爭；治在道，不在聖。」可以視為《淮南子》作者心目中最理想治國之術，目的正是要警惕當時的統治者：獲得成功的關鍵，在於當下的時勢與自己的命運，並非拚命地強取豪奪；治理天下的準則是「道」，而非依靠聰明才智。

至於「道」，其實就是老子、莊子所主張的自然界中天地萬物的生長和運行規律；人類不應該任意破壞這種生存法則，必須與大自然和諧相處。統治者對待人民也是如此，不需要做太多的限制與要求，而是順其自然，任由他們自行發展，道家學者認為這種「無為」的治國方式，反而能讓臣子與百姓們在過程中，找到自己在社會上該扮演的角色。

所謂「不在聖」就如同《老子》所說的「絕聖棄智」，不論聖明或智巧，都不過是小聰明，並非大智慧。尤其世人往往拘泥在培養聖賢、聰慧的性格而畫地自限，甚至自恃甚高，總是處心積慮想和別人一爭高下，最終誤了大事，所以〈原道〉才會說：「各以其所好，反自為禍。是故好事者未嘗不中，爭利者未嘗不窮也。」認為過度看重自己的優點，反而給自己帶來了禍害，過度重視的事情，反而常常事與願違，至於汲汲於爭權奪利的人，也總是讓自己陷於窮困的處境。認真玩味與咀嚼之後，再對應到今日的現實生活中，會發現《淮南子》所發表的言論，值得我們認真省思一番啊！

歷久彌新說名句

「得在時，不在爭；治在道，不在聖」一語，最早出自戰國早期的《文子》一書，不論是《文子》或者《淮南子》，它們最主要都是在針對政治上的統馭之術。

《淮南子》告誡我們：獲得成功的條件，在於能夠等待適當的時機、順應當下身處的環境；而非絞盡腦汁地謀畫周詳的計策，或者利用強硬的手段去爭奪。畢竟當時運、機會真的來臨時，想推也推不掉；勉強追求、爭取不屬於自己應得的部分，最終仍然不能如願的。

子夏曾說：「死生有命，富貴在天。」認為人的一生際遇是命中註定，窮達相隨、禍福相倚，不需要刻意推求其中的變化與規律。

時至今日，〈原道〉這樣的處世哲學，仍是十分受用，因為「得在時，不在爭」不僅強調了時機、運勢的無法力爭強奪，放置在險惡的環境下去做思考，這句話當然也是一種明哲保身之道；「治在道，不在聖」應用在日常生活的待人接物上，也提示我們在處理各類疑難雜症的應有態度：與其提出一大堆高明的想法、周密的計畫，不如順其自然，回歸平淡、無欲的心境。

聖人不貴尺之璧，而重寸之陰

名句的誕生

夫日回而月周[1]，時不與人遊[2]。故聖人不貴尺之璧[3]，而重寸之陰[4]，時難得而易失也。

～淮南子・原道

完全讀懂名句

1.日回而月周：「回」是歸返、掉轉的意思；「周」是循環、環繞或計算環繞次數的單位。

2.遊：交往、結交的意思。

3.尺璧：是指直徑約一尺大的璧。

4.重寸之陰：「陰」是指陽光照射物體所產生的「日影」，引申為「時間」的意涵。「寸陰」指極短的時間，也稱「寸晷」。

語譯：太陽與月亮不斷周行運轉，「時間」從來不會停下來和人類稍作周旋。所以聖人不會把直徑一尺大的璧看得很珍貴，卻十分重視一寸長的光陰，這是因為「時間」難能獲得，卻又容易失去的緣故。

名句的故事

「璧」在中國古代是一種圓潤的美玉，不論是國君、仕臣與富賈，無不視為珍貴的寶物而竭盡所能地收藏。漢代的一尺大約是二十三公分，直徑長達一尺的璧，在任何時代都是人間至寶，〈原道〉正是用「尺璧」這樣的形容詞，以極言它的碩大而珍貴。至於「寸陰」形容時間的短暫，當物體的長度如此微小，一般人非常容易對它掉以輕心，甚至一個不注意，就被忽略了。

即使是如此，〈原道〉仍然強調，應當「不貴尺之璧，而重寸之陰」，認為看似微乎其微、卻又片刻即逝的「時間」，遠比堪稱世間瑰寶的美玉更加彌足珍貴，刻意利用這樣鮮明的對比，打破一般人對物體大小及價值性的既定印象，深刻表達與比喻「時間」的「難得而易失」。

對於《淮南子》的作者而言，真正的聖人之所以不會把面積大、體型美的玉器視為至上珍品，是因為在聖人眼中，美玉只是權勢、財力足夠的人用來裝飾自己、點綴門面的身外之物，一個人的生命歷程應該有更需要去追求的目標，並非僅是這些「生不帶來，死不帶去」的外在物質啊！比起世間寶物，不但稍縱即逝，也完全沒有轉圜餘地的「時間」，更是難以把握與取得，所以體悟這個道理的聖人，才會如此看重真正得來不易的「寸陰」。

歷久彌新說名句

《淮南子》作者的最主要目的，並不是強調只有聖人才能輕視「尺璧」、看重「寸陰」，而是利用聖人的響亮名號來作為一般人的表率，以突顯愛惜光陰、把握時機的重要性。在《史記‧淮陰侯列傳》中，齊國人蒯通就想到要利用「時者難得而易失」的觀點，來慫恿韓信背叛漢王劉邦。由此可見，如何把握短暫的時光，去成就今生不致遺憾的輝煌功業，不僅是每個人心目中的最大夢想，也是自古皆然的不變法則。

春秋時代，孔子也曾經站在河邊，說出「逝者如斯夫！不舍晝夜」，他看到河水不分晝夜地向前奔流，不禁聯想到一去不復返的時光，因而以「水」為喻，一方面感嘆時間易逝、往事難再；另一方面，也是藉此積極地勉勵自己與身邊的眾人，要珍惜寶貴的時光，更要努力把握每一個當下。

淮南子

知己者不怨人，
知命者不怨天

100

魚相忘於江湖，人相忘於道術

名句的誕生

夫魚相忘於江湖，人相忘於道術[1]。古之真人[2]，立於天地之本，中至優游[3]，抱德煬和[3]，而萬物雜累[4]焉，孰肯解構[5]人間之事，以物煩[6]其性命乎？

～淮南子・俶真

完全讀懂名句

1. 道術：「道」的原則與類別。
2. 真人：能存養精神與本性、超脫於凡間俗世之外的得「道」之人。
3. 煬和：「煬」本義是用火烘烤，使之炙熱溫暖，引申為「薰陶」。「和」：和氣。
4. 雜累：不受外力控制而自然累積的意思。
5. 解構：原指不期而遇的「邂逅」，引申為勉強附會、造作，具有刻意牽合、干預的意思。
6. 煩：勞煩、多而生厭的意思，引申為羞辱、受辱。

語譯：魚兒安閒自在地生活在江水湖泊裡，所以遺忘了同伴；人若是能把握道術、與大道同遊，便能忘卻一切，甚至可以不再相互交涉與往來。古時候的「真人」，立足在天地的根本上，稟受中和之氣而悠然自得，懷抱著至德而涵養自身的陶然和氣，萬物也因此自然地積累與化育，所以哪裡需要去勉強干預與造作人世間的瑣事，讓外界事物來勞煩與侮辱自己的精神與生命呢？

名句的故事

〈俶真〉利用魚的「相忘於江湖」來比喻人的「相忘於道術」，進而帶出「真人」在面對這個世界時，所展現出來的格調與態度：「立於天地之本，中至優游，抱德煬和」，適時地調適自己在生理上的體內循環，與心境上的精神狀態，使身、心，以及自然界三者，自然而然地融為一體、無從分別，並維持穩定和諧的最佳狀態，讓自己和萬物都能不受干預的競相生長與化育。

〈俶真〉認為，魚游於江川湖泊之中，就能忘記一切而自由快樂，正如人徜徉在道術之中，便能忘卻一切煩惱而自在快活。因為魚兒生活在最適宜自己的環境中，所以能悠然自得、安閒度日，不用去煩惱生活以外的無謂事物，久而久之，竟快樂地忘卻一切、忘記彼此。但若是遇到「泉涸」這種後天的困境，使魚兒不得已困在陸地，他們只好吐著涎沫，互相濕潤對方的身體，雖然看似表現出有難同當的情誼，不過這樣的情勢，並非魚兒內心的真正企盼，與其讓牠們在艱困的環境中互相幫助，倒不如讓牠們開心回到原本合適的棲息之處，游於足以忘記彼此的廣闊境地。

歷久彌新說名句

心境上的返璞回歸，正如同晉代陶淵明〈飲酒詩〉所說的「結廬在人境，而無車馬喧。問君何能爾，心遠地自偏。」當我們有能力跳脫平常人總是無法割捨、難以忘懷的人間俗事之後，自然就能像陶淵明一樣，把「車馬喧」的「人境」都置身事外。

陶淵明親身體驗這種「相忘」哲學，所以最後寫道：「此中有真意，欲辯已忘言。」因為陶淵明心領神會這種「物、我兩忘」的道家境界，因此不再在乎旁人的眼光與批評，與其說他「忘言」，不如說他早已懶得多費唇舌去描述自己心中的那股自在快樂。他的〈五柳先生傳〉中所說的「忘懷得失」，也是把「相忘」發揮得淋漓盡致的人生態度。

身處江海之上，而神遊魏闕之下

名句的誕生

是故身處江海[1]之上，而神游[2]魏闕[3]之下，非得一原[4]，孰能至於此[5]哉！

～淮南子・俶真

完全讀懂名句

1. 江海：指極為偏遠的地方，或指隱居生活。
2. 神游：又作「神遊」，指心神遨遊在自己嚮往的地方。
3. 魏闕：「魏」字通「巍」，高大的意思；「闕」是指宮門。「魏闕」原指古代帝王宮門外兩邊供瞭望的樓臺，樓臺中間有通道，樓臺外牆之下則是頒布政令的地方。
4. 一原：就是指「道」的本原，也是萬物的根本。
5. 孰能至於此：「此」是指「道」境界。

語譯：因此身體雖然處在遙遠的江海上，但是精神卻仍能在宮廷周圍遨遊盤旋，如果不是獲得「道」這個唯一的本原，有誰能夠達到這樣的境界呢！

名句的故事

《淮南子・道應》中，魏牟也說過相同的這句話，用來感嘆自己還不能拋下名利與欲望的誘惑，屬於較負面的意思；而〈俶真〉則刻意更改裡面的文字，為這句話賦予新的意義，成為一種世間常人難以達到的美妙境界：精神意志不但不會被外表的四肢形體所困陷，反而能自由自在地遨遊到自己想去的地方。

為了讓讀者相信這種「身處江海」、心靈卻早已「神遊魏闕」的通天本領確實存在；〈俶真〉在說出這句話之前，就已經先列舉許多一般人難以做到的事：「孟門、終隆之山不能禁，唯體道能不敗。湍瀨、旋淵、呂梁之深不能留也，太行、石澗、飛狐、句望之險不能難也。」大意是說，像孟門山、終南山這些陡峭峻嶺；呂梁這種急流深淵；以及太行山、句望山這般險惡崎嶇的高山深谷，對於得「道」的人而言，根本談不上是多大的阻礙。

人在保持心靈清澄寧靜之後，心神意志不會再受制於外在形體，甚至不會被種種外在表象所框限，當然能在上述的那些地方如履平地了。如果用這樣的角度去觀察，那麼〈俶真〉所歸結出來的「身處江海之上，而神遊魏闕之下」似乎也有實現的可能。

歷久彌新說名句

《列子・黃帝》敘述黃帝放棄了勞煩心境的人間俗事與政務之後，開始過著「晝寢而夢，游於華胥氏之國」的自在生活，他看起來好似夢遊般地遊歷到遙遠的華胥氏之國，但黃帝實際上是心神離開了形體，漫遊到自己最企盼的理想國度。在《列子・周穆王》也記載，周穆王曾經和一位懂得幻術的方士，同遊天外世界好一陣子，醒來之後，發覺自己不論端坐的位置與周圍服侍的隨從，完全與神遊之前相同，但對周穆王而言，他覺得自己已經離開軀殼三個多月之久。

王維在〈故西河郡杜太守挽歌〉的詩句中的「墳樹應西靡，長思魏闕恩」，則是提醒杜太守的後人，應該在墳前種植向西方垂枝的樹木，才不會讓逝者在辭世之後，從此斷絕他生前忠君愛國的志向，當然更藉由這樣的書寫，高度讚美杜太守心向君王、至死不渝的情操。

以涅染緇，則黑於涅；以藍染青，則青於藍

名句的誕生

今以涅染緇[1]，則黑於涅；以藍染青[2]，則青於藍。涅非緇也，青非藍也，茲雖遇其母[3]，而無能復化[4]已。是何則？以諭[5]其轉而益薄[6]也。

～淮南子・俶真

完全讀懂名句

1.以涅染緇：「涅」是一種結晶礦物，即「礬石」，產自於黏土、砂岩之中，古人把它作為黑色染料。「緇」則是指黑色或黑色的東西。

2.以藍染青：「藍」是指一種草本植物，可萃取出藍色（靛青色）的染料。「青」則是指藍色、藍綠色。

3.母：根源、根本之意，這裡是指「礬石」與「藍草」。

4.復化：回復或再度變化的意思。

5.諭：告知、說明。

6.益薄：是指東西的質料比之前更加淡薄。

語譯：現在用礬石來做黑色染料，製作出來的黑色會比原本的礬石更黑；用藍草來做青色染料，萃取出來的青色會比原本的藍草更藍。但是礬石與黑色的染料，已經不是同一種物質，藍草與青色的染料，也不是同一種物質了。這些製作出來的染料，即使遇到它們原本的原料礬石與藍草，也不會就此還原或者再變出新的顏色。這是為什麼呢？這說明它們的質量已經轉化而更加稀薄了。

名句的故事

這裡所說的「以涅染緇，則黑於涅；以藍染青，則青於藍」，屬於中國古代一種科技知識，它說明利用礦石、草木等天然材料，能夠製造出比原料本身更鮮明的顏色。這可以說是古人在萃取技術上的高度智慧，不過慧黠的《淮南子》作者，更進一步地把這種技術比喻在哲學原理上。

《淮南子》利用這個例子說明，「道」的化育能力比「以涅染緇則黑於涅」、「以藍染青則青於藍」還要玄妙。世界上的任何物質只要透過加工與提煉，雖然會比原本的材料更精良，但是這些製作出來的產品與它們的原料，已經屬於不同類的物質了。

這是世間所有事物的侷限，而「道」之所以超越其他萬物，則是因為它是幻化無窮、變異不盡的，而且不論如何轉化，「道」都有辦法回復到最原本的狀態。

歷久彌新說名句

戰國時代的荀子在他的〈勸學〉中就曾說：「青，取之於藍，而青於藍；冰，水為之，而寒於水。」荀子是利用「靛青色是從藍草中提煉，但顏色卻比藍草更藍」、「冰是由水凝結而成，但溫度卻比水更低」來強調「學習」的好處，藉此說明後天的教育能讓人類日益精進。

南朝梁的劉勰，他曾把這段名句運用在文學創作理論上，《文心雕龍・通變》說：「夫青生於藍，絳生於蒨，雖逾本色，不能復化。」劉勰用這句話來諷刺時下的一些作家，想要在前人的創作基礎上求新求變，但是妄想超過前代的結果，卻是完全失去前人的精髓，淪落至華麗有餘、文采不足的缺憾。

神者智之淵也，神清則智明矣；智者心之府也，智公則心平矣

名句的誕生

是故神者智之淵[1]也，神清[2]則智明矣；智者心之府[3]也，智公[4]則心平[5]矣。

～淮南子・俶真

完全讀懂名句

1. 神者智之淵：「神」是指精神；「智」是指智慧；「淵」為水淵。
2. 清：清朗、安定。
3. 府：指「府庫」，是古代儲藏文書或財物的地方。
4. 公：公正、沒有偏私之意。
5. 平：平靜、心神安定的樣子。

語譯：所以精神是智慧的淵藪，精神若是能夠清朗澄澈，那麼智慧就會自然顯露而足以明察事物；智慧是心靈的府庫，智慧若是可以平均運用在每一處，那麼心靈便能平靜而不會任意起伏。

名句的故事

「神清則智明」、「智公則心平」是一個人內心修養的展現。當我們擁有足以明辨事物的智慧之後，更重要的是，能夠秉持凡事皆不偏袒的態度，來處理人生所碰到的各種遭遇。畢竟人類的思緒起伏，往往來自於各種事物變化，當我們猶豫著，當下面對的是好運還是壞運、是機會還是陷阱、是有利還是無益等問題時，《淮南子》告訴我們，智慧不該使用在判斷事情的利弊得失，更無須煩惱「智慧」施用

於事情的多寡；只要我們摒除心境上多餘的念頭，不讓外界的一舉一動，成為內心的牽絆與負擔。這番道理，看似簡單、卻一針見血。不過，最早寫出這段話的典籍並非《淮南子》。主要內容完成於戰國時代，又被唐代學者奉為道教經典的《文子》（又稱《通玄真經》）一書中，就出現一模一樣的話語，相傳文子是老子的弟子，他曾經問學於墨子以及孔子的弟子子夏，在《文子・九守》書中的〈守清〉一篇，就出現和此段文字相同的內容。

歷久彌新說名句

以廣義的角度來看待「神者智之淵也，神清則智明矣；智者心之府也，智公則心平矣。」那麼我們可以把它理解成一種約束人類欲望、穩定情緒的法門。儒家思想也不乏有這樣的說法。孟子說：「夫志，氣之帥也；氣，體之充也。」認為心志會率領循環於體內的血氣，而血氣充實我們的身體，讓我們的身體充滿活力，但也正因如此，我們必須讓自己的心志與血氣相輔相成，所以孟子說：「志壹則動氣；氣壹則動志」讓心靈精神專一，就能主導體內的血氣，使血氣不致於過度旺盛，進而穩定自己的情緒，反之，若是讓血氣方剛的情緒所牽引，孟子批評這是本末倒置的行為。

這段名言運用在治國之術的還有唐代的趙蕤，他在《長短經・昏智》說：「夫神者，智之淵也，神清則智明；智者，心之符也，智公則心平。今士有神清智明而暗於成敗者，非愚也，以聲色、勢利、怒愛昏其智矣。」

《長短經》是一部結合歷代史實，以針對當時弊政而發的書籍。趙蕤這段話是針對在朝為官的士人，認為身為臣子應該免除嗜欲，才不會讓情感和欲望沖昏了頭，影響政治判斷。趙蕤是唐代的奇人，他的《長短經》在當時被視作「謀略奇書」，唐宋以後，甚至成為帝王將相們必讀的「官場教科書」。

用者必假之於弗用者也。是故虛室生白，吉祥止也

名句的誕生

由此觀之，用者[1]必假[2]之於弗用者[3]也。是故虛室生白[4]，吉祥止[5]也。

～淮南子・俶真

完全讀懂名句

1.用者：指能發揮作用的東西或事物。

2.假：藉助、依靠的意思。

3.弗用者：指不能夠發揮作用的東西或事物。

4.虛室生白：「虛室」就是虛清的心境、虛靜的心神。「白」是指潔白無瑕、進而看似十分明亮、光亮的樣子。

5.吉祥止：「吉祥」是吉利、祥瑞等福善之事。「止」：這裡解釋為到達、來臨或聚集在此。

語譯：由此可見，一種東西要發揮作用，必須藉助不能發揮作用的東西。所以當心靈能夠空虛無物，就會產生潔白無瑕的光輝，吉祥福善的事物也會因此降臨。

名句的故事

〈俶真〉的這段名言其實是承繼上一段的「神者智之淵也，神清則智明矣；智者心之府也，智公則心平矣」一語而來，也是在對這句話作更完善的補充說明。最終目的就是為了歸結〈俶真〉在下一段所說的「反之於虛」：讓心靈回歸到最初的空虛與清靜，並持之以恆地維持在這種狀態之中。說明透過清亮、平靜的物品，才能讓事物的本性顯現出來，這是因為

事物的本性原本也是清亮、平靜的。

人心掃除了名利競逐，回歸虛清與寧靜（這就是「虛白」），因而生命更加恬適平和，對《淮南子》作者而言，這就是「吉祥」。事物的本性之所以能夠平穩、忠實的呈現，還需要透過其他靜止的東西加以幫助，更重要的，當然是用這樣的例子來強調：人類必須保持平淡無所求的心神狀態，才可以返回到最初的質樸個性。

歷久彌新說名句

晉代陶淵明的詩作〈歸園田居〉之一的「戶庭無塵雜，虛室有餘閒。」和之二的「白日掩荊扉，虛室絕塵想。」兩句，以及宋代司馬光〈複用三公燕集韻酬子駿堯夫〉詩中的「官閑虛室白」，都和〈俶真〉此句話一樣，都是一語雙關，一方面說「空室」；一方面也在暗指「心境」的恬靜空明，皆可視為運用「虛室生白」意涵的例子。

至於明代傑出的軍事家戚繼光將自己的文集命名為《止止堂集》，而「止止堂」其實是他任職薊州總理署（今河北省薊縣）時，官府中的三間書房，這「止止堂」的名稱，也是來自《莊子．人間世》所說的「虛室生白，吉祥止止」這句話，取其虛懷若谷、謙沖自牧的含義。

若是用這樣的角度看「虛室生白」，意義可就非常廣泛了。在個人修養上，它奉勸我們別把心靈填得太滿，必須把成見、欲望都放下，心靈不被這些情緒所阻塞，騰出來的空間就讓「道」填滿，心境自然能暢快清靜。在繪畫理論上，就好比後人用唐代白居易的樂府詩〈琵琶行〉中所形容的「此時無聲勝有聲」來表達音樂的最高境界，成為「留白比填滿更重要」、「無聲比有聲更動聽」的名言！

世治則愚者不能獨亂，世亂則智者不能獨治

名句的誕生

故河魚不得明目[1]，稚稼[2]不得育時，其所生者然也。故世治則愚者不能獨亂，世亂則智者不能獨治。

～淮南子・俶真

完全讀懂名句

1. 明目：是指眼睛明亮、視力很好。
2. 稚稼：還未成熟的禾苗。

語譯：所以黃河裡的魚視力不會很好，稚嫩的稻禾幼苗遇到霜雪便會凋零枯萎，無法獲得生長與培育後代的時機，這都是它們的生活環境所造成的。因此，世道安定、天下太平的時候，即使是愚蠢奸詐的人，也無法一個人把它搞亂；世道喪敗、天下動亂的時候，即使是聰慧明智的人也無法獨自治理得好。

名句的故事

〈俶真〉這句話可以讓我們清楚感受到，環境對自然萬物的影響非常地大：混濁的河水讓魚兒的眼睛不再明亮；寒冷的天氣讓農作物的幼苗紛紛凍死，這些動、植物都受限於自然環境的一些條件，並決定其生存方式。話鋒一轉，《淮南子》的作者從自然環境轉到了人類的社會環境：世道的聖明與衰敗、社會的安定與混亂，都不是一個人的能力所能改變！乍看之下，這句話好像有點悲觀，但是千萬別這樣去理解，否則就會誤解〈俶真〉的真正意涵。

「世治則愚者不能獨亂，世亂則智者不能

獨治」後面接著說：「身蹈於濁世之中，而責道之不行也，是猶兩絆騏驥，而求其致千里也。置猿檻中，則與豚同，非不巧捷也，無所肆其能也。」意思就是身處混濁的時代，卻責怪「道」無法實行，這就像把良馬的腳綁住，又要牠日行千里；把猿猴關在窄小的籠子裡，猿猴就會像豬一樣笨拙，無法機靈敏捷行動，這是因為環境的影響，使牠不能盡情施展原本的能力。當大環境不允許自己施展抱負時，不該責怪與抱怨，必須認清現實的時勢，保留實力，以便待時而發。

歷久彌新說名句

古代有不少比喻一人力量單薄而無法成事的詩文，如南朝梁的民間樂府歌謠〈紫騮馬歌〉所寫：「獨柯不成樹，獨樹不成林。念郎錦裲襠，恆長不忘心。」是從軍已久的士兵在歷經征戰之後，感念同袍之情所寫下的詩句。意思是單獨的一根樹枝不能成為大樹，單獨的一棵樹，也無法集結成廣大面積的森林。團隊合作是軍旅生活最重要的一環，一個人的力量往往十分單薄，難以順利成事。〈紫騮馬歌〉的詩句辭意簡單，哲理卻十分受用。

明代羅貫中的小說《三國演義》，在描述「桃園三結義」時，就出現「單絲不能成線，獨木不能成林」一語，除了沿用「單獨一棵樹也無法成為樹林」，並增加了「單一條絲，無法像線一樣穿綁與承受重量」說明個人力量有限，結合大家的力量，才能眾志成城。

至精亡於中，而言行觀於外，此不免以身役物

名句的誕生

是故神越者其言華[1]，德蕩[2]者其行偽，至精亡於中[3]，而言行觀[4]於外，此不免以身役物矣。

～淮南子‧俶真

完全讀懂名句

1. 神越者其言華：「越」是分散、散越。「華」是虛浮、浮華。
2. 德蕩：「德」是指「德性」；「蕩」是放縱、不受拘束。
3. 至精亡於中：「至精」是指人體內最精純的氣，就是「心神」。「中」是內心深處的意思。
4. 觀：展現、顯示給別人看。

語譯：所以精神散亂的人，言詞華而不實，德性放蕩的人，行為虛偽不真誠，當最寶貴的精神不能存守在心中，而把自己浮誇虛偽的言行為表現在外，身體難免會被外在的事物所役使。

名句的故事

〈俶真〉這句話談到了我們平時待人處世的言行與舉止，當一個人的言談總是浮誇不實，那是因為他的精神已經分散了，不過〈俶真〉所指的「精神分散」並非體力勞動後的兩眼無神般的「精神渙散」；而是指過度追求外物，精神不能集中在真正應該集中的事物，對每件事情都勞煩憂心，導致精神超過原有的

使用限度，對《淮南子》作者而言，這個人的「精神」，已經從內心流失了。

換句話說，〈俶真〉提醒讀者的是要如何好好守住自己的精神，讓精神持續坐鎮在內心，持守精氣，虛心養神。一旦精神從心中走散，就會造成精神散離形體的「神越」與德性散失在外的「德蕩」，那麼許多不適當的浮辭與偽行，就無法控制，紛紛表露出來。這樣的人怎麼會不在乎紅塵俗世的花花綠綠？如何不會被世間瑣事所困擾？當精神散亂不能自主，心境受物質世界的各種欲望所控制，就如同被各種事物所役使一般，這正是〈俶真〉所說的「以身役物」，成為世間俗事的奴隸。

歷久彌新說名句

中國禪宗的六祖慧能，曾被他的師父弘忍大師問到，在寺院裡粗活，究竟苦不苦？慧能回答：「以心役物，而不以物役心，所以不覺得苦。」

宋代的司馬光寫下〈訓儉示康〉勸誡自己的子孫，文章提到：「夫儉則寡欲：君子寡欲，則不役於物，可以直道而行。」司馬光已經將〈俶真〉這種想法發揚光大，把節儉與清心寡欲作為君子平日為人行事的典範。

「相由心生」是中國老祖宗的經驗談，言行舉止本來就是心靈的反映，觀察一個人的外在表現，常常能察覺、探知到他的心靈層面，相信《淮南子》作者透過長期的觀察人間百態，才會歸結出人類往往「言行觀於外」的缺點，並為這些人「以身役物」的處境感到憂心。因此，與其讓言行流於表面形式，而輕易顯露在別人眼前，不如更深入地省察自我的心靈、洗滌自己好名求利的欲望源頭。

全性保真，不虧其身，遭急迫難，精通於天

名句的誕生

夫全性保真[1]，不虧[2]其身，遭急迫難[3]，精通於天。

～淮南子・覽冥

完全讀懂名句

1. 全性保真：「全性」是保存本性；「保真」是保持純真的性情。
2. 虧：損害、虧損。
3. 遭急迫難：「急」是指危險、急難的事情；「迫」是接近、逼近。

語譯：凡是能保全天然本性、不讓身體受到損害的人，在遭遇危難的時候，他的精誠之心就可以和上天相通。

名句的故事

〈覽冥〉認為一個人若是可以「全性保真」，就能「精通於天」，這句話表面上是說心神上通於天，但其實就是指得到上天的幫助。《淮南子》作者認為「全性保真」、「專精厲意」、「委務積神」的人，不會讓自己的心神，耗費在多餘的欲望追求，這樣的心境反應在外面的行為舉止上，就不會出現與人爭奪、爭執，以及太過偏激的肢體動作及言語表達。

這裡「保真」的「真」，並非是頭腦簡單、容易上當的「天真」，而是一種人類最原、也最自然的性格，更進一步說，這般保有最初本性的說法，其實就是回歸天然本真、回

歸天道啊！所以〈覽冥〉在這句話後面才會緊接著說：「若乃未始出其宗者，何為而不成！」意思是心性從未離開「道」的人，他們做任何事，哪裡有不成功的呢？

歷久彌新說名句

「精通於天」的現象，在現代人的眼中，難免有些神祕而不可思議，但這只是中國古人用來表達精神集中、意志堅定而最後獲得成功的形容方式，因為在先民眼中的「天」總是高高在上、遙不可及，而且令人敬畏的，以它作為人生的終極目標，並且用它來比喻自己的心靈與意志，是再恰當不過了！

《呂氏春秋．精通》提到：「聖人南面而立，以愛利民為心，號令未出而天下皆延頸舉踵矣，則精通乎民也。」所謂「南面」是古代的「正位」，意思是說明從前聖賢以正道獲得君位，懷著愛護百姓利益的心腸，所以號令還沒公布，他的真心誠摯就讓人民感受到了，所以全部引頸企盼、等著聖賢來治理。

魏晉時期的陶淵明，為了個人在精神上的自由，選擇辭官歸隱，過著隨心所欲的生活，無論富貴進退、貧賤憂樂都不以為意，這是「全性保真」精神的具體展現。宋代歐陽修在〈記舊本韓文後〉中提到自己對仕途的心態是進不為喜，退不為懼，也是一個明顯的例子。就連近代的國學大師熊十力，也在他晚年的重要著作《明心篇》說：「全性保真，毋失人生至高無上價值。」認為「全性保真」是探索人類的內心世界、使我們能深入體會人生的最高價值。

在現代生活中，其實不需要等到「遭急迫難」才想到這句名言，反而應在平日就愛惜自己的精神與形體，不要為了外界事物而給自己帶來危害，在這個誘惑越來越多的社會中，〈覽冥〉這句話，實在令人深思啊！

抱薪而救火，鑿竇而止水

名句的誕生

鑿五刑[1]，為刻削[2]，乃背道德之本，而爭於錐刀之末，斬艾[3]百姓，殫盡[4]太半，而忻忻然[5]常自以為治，是猶抱薪而救火，鑿竇[6]而止水。

~淮南子・覽冥

完全讀懂名句

1.鑿五刑：「鑿」制定、訂立之意。「五刑」是五種殘酷的刑罰，在中國歷代各不相同，秦代的五刑是指「黥」（在臉上刺字塗墨）、「劓」（割去鼻子）、「斬左右趾」、「梟首」（斬首示眾）、「菹其骨肉」（切剁骨肉）。

2.為刻削：「為」執行；「刻削」是剝削、剝奪的意思。

3.斬艾：艾，音一ˋ，通「刈」，割取、砍殺的意思。

4.殫盡：竭盡、因病而亡、因勞苦而死的意思，這裡是指百姓身心俱疲。

5.忻忻然：沾沾自喜、得意洋洋的樣子。

6.竇：孔穴、洞孔。

語譯：制定五種酷刑，實行殘酷、苛刻的政令，這是違背的道德的根本，而爭奪刀尖、錐末那樣的微薄利益，宰割百姓並且搜括他們的財物，讓大多數人民身心俱疲，卻洋洋得意地自以為天下治理得很好，這就像抱柴薪去救火、鑿洞來止水一樣。

名句的故事

這句話將「道」的運用，從以往的個人修養工夫，提升到治理國家的層次。作者批評申不害、韓非、商鞅等人「鑿五刑，為刻削」的治國之術，根本是「捽拔其根，蕪棄其本」，卻還自鳴得意，以為實現了天下太平的理想，這就像「抱薪而救火，鑿竇而止水」一樣，不僅錯誤而且非常危險。

《淮南子》用〈覽冥〉說明自己的治國理念，強調「道」的重要性，以及「道」在社會人事上的運用，只要能堅守並掌握「道」的虛靜、無為與無欲來待人接物，小到修身養性，大至治國方針，都能達到美好的境界。反之，若不知「以道為本」，無異是拋棄事情的根本、忽略問題的源頭，這是自討苦吃，讓自己陷入危險的情勢。也就是說，「體道」、「行道」其實可以澈底落實在日常生活中，並不是非常艱深而遙不可及的。

歷久彌新說名句

「抱薪而救火，鑿竇而止水」最初被用在說明治國之術上，是〈覽冥〉抨擊統治者待人刻薄、草菅人命，只知道在枝微末節上爭取小利，忽略了治理國家的真正目的。

漢代的董仲舒曾寫過〈賢良對策〉：「法出而姦生，令下而詐起，如以湯止沸，抱薪救火，愈甚亡益也。」他提倡儒家的治國方式、勸告國君不要沿襲秦朝的法家制度，說法與本句佳言類似。《貞觀政要》也記載唐代的魏徵，曾上疏給唐太宗說：「譬之負薪救火，揚湯止沸，以暴易亂，與亂同道，莫可測也，後嗣何觀！」勸戒國君做事必須慎重考慮後果，並以行善為治國準則，若百姓無法感受君主的美德，只聽到永無休止的賦稅勞役，就好比負薪救火、舀起開水再倒回鍋裡來制止沸騰，這是用暴政來代替亂世，仍與亂世如出一轍，嚴刑峻法，是用薪柴助長火勢，根本不能讓百姓心服，後果也將不堪設想！

其出彌遠者，其知彌少

名句的誕生

精神內守形骸而不外越，則望於往世之前，而視於來事之後，猶未足為也，豈直禍福之間哉？故曰：其出彌遠者，其知[1]彌少。以言夫精神之不可使外淫[2]也。

～淮南子・精神

完全讀懂名句

1. 知：通「智」，智慧。
2. 淫：沉溺。

語譯：精神守在形體之內不往外擴散，不只可以看到過往和後來的事情，想要看清禍福發生的徵兆就更不在話下了。所以說：精神往外發散越遠，智慧就越少。就是說不可以讓精神陷溺在外界事物之中。

名句的故事

「其出彌遠者，其知彌少」典出《老子》：「不出戶，知天下；不窺牖，見天道。其出彌遠，其知彌少。」聖人不出門，就能知道天下的事理；不從窗子窺探外界，就了解自然的規律。老子說：「為道日損。」想要追求自然大道就要減少內心的欲望，才能廓清心靈，直見本心。只要持守本心，心靈澄澈，就能掌握自然的規律，天下事理也就得而推知，不待出門見識。

《淮南子》承襲老子的觀點，認為即使像天道至大至宏，也有日夜交替的變化，這是天道在節省光明，愛惜它的精神；而人怎麼可以不停勞動，讓精神不得休息呢？因此不但人要適當休息，還要隨時持守養護，不使精神外散。

人的七竅是精神與外在交流的門戶，五色、五聲、五味種種欲望會引誘人們沉溺其中，讓精神外馳，傷害到形體。所以要斷絕外界欲望的誘惑，持守住心靈，精神才會靈明充足，而能看清楚禍福發生的徵兆，才可以趨吉避凶。精神往外擴散越遠，代表陷溺外界的欲望越深，耳目、心神遭到擾亂矇蔽，甚至遭到破壞，自然看不清事實真相，智慧也會逐漸消滅。

歷久彌新說名句

《呂氏春秋・君守》亦用「其出彌遠者，其知彌少」來闡釋為君之道。《呂氏春秋》認為君主應該保持寧靜封閉的狀態，把智慧深深藏起來，不讓外人窺見，才能做天下的主宰。因為心要維持寧靜封閉，所以智慧不必遠求，求得越遠，智慧反而越少，重要的是無為之為，自己無為，而讓臣下有所作為。這裡說的是君主御下之道，君主必須表現淵深莫測的樣子，不親自有所作為，一旦表現出自己的想法，就會不周全，而顯露缺點，這樣反而讓臣下有機會鑽營，趁虛而入。這種說法表面上是根據道家思想，但實際上亦是法家「君道無為，臣道有為」主張的發明。

至貴不待爵，至富不待財

名句的誕生

至貴不待爵[1]，至富不待財。天下至大矣，而以與他人也；身至親矣，而棄之淵[2]。

～淮南子・精神

完全讀懂名句

1. 爵：爵位。
2. 棄之淵：跳入水淵，意指捨棄生命。

語譯：最尊貴的不是仰賴爵位高低，最富有的不是依靠財富多寡。天下是最大的，卻可輕易讓與他人；身體與自己最親近了，卻可以毫不猶豫地捨棄。

名句的故事

「至貴不待爵，至富不待財」一言，是《淮南子》用來描述至人精神修養的境界。所謂至人，指的是精神修養到達極致，也就是道的境界。到了至人的境地，便不再掛懷外界的事物，持守本真，悠然自得於宇宙之間，生死都不能令其動心，禍福變化也不能困擾他，更何況是權勢爵祿？

《莊子・逍遙遊》記載堯覺得許由的德行更勝於自己，因而想將天下禪讓給許由，卻被許由拒絕。許由對堯帝說：「子治天下，天下既已治也。而我猶代子，吾將為名乎？……歸休乎君，予無所用天下為！」意思是你已經將天下治理得很好了，要我出來做什麼？我來代替你，是為了名嗎？還是為擁有天下的好處？我所需求就這麼多，整個天下對我而言毫無用處。許由的作為可說是「至貴不待爵」。

《左傳》記載春秋時有一位宋國人，得了一塊寶玉，想要將它獻給子罕，子罕卻不接受。子罕說：「我以不貪為寶，爾以玉為寶，若以與我，皆喪寶也。」意即我以不貪為我品德上的至寶，你把寶玉當作你財物上的至寶。你把寶玉獻給我，你和我都會失去各自最珍貴的東西。子罕的作為可說是「至富不待財」。

而以《淮南子》來說，「至貴」、「至富」指的都是「道」，得道的至人，心中純然自足，不會將這些身外之物記掛於心。

歷久彌新說名句

「至貴」、「至富」在《呂氏春秋・為欲》則是作為反面例子來論政。《呂氏春秋》認為「天子至貴也，天下至富也，彭祖至壽也，誠無欲則是三者不足以勸」天子是最尊貴的，擁有天下是最富有的，彭祖是最長壽的，但如果人民沒有欲望，即使這三件事物也沒辦法打動他們。所以治國是建立在人民有欲望的基礎上，而君主要善用人民的欲望激勵他們。

《荀子・儒效》以有學問為「至貴」、「至富」。譬如有一個人藏有許多價值千金的寶物，即使他向人乞討食物來吃，大家還是會認為他是一個富人，只因為他有「大富之器」在手。學問就是君子的「大富之器」；君子為學日進，胸懷禮義道德，就能「無爵而貴，無祿而富，不言而信，不怒而威，窮處而榮，獨居而樂」。沒有爵位也顯得尊貴，沒有俸祿自然富足，不必多言而有信用，不必發怒就有威嚴，處於窮困的境地而自尊榮，獨自居住而怡然自得。

《荀子》以君子的道德修養為「至貴」、「至富」，與《淮南子》以道家至人的精神修養為「至貴」、「至富」，目標雖然不同，但都是人類的理想境界。

清目而不以視，靜耳而不以聽，鉗口而不以言，委心而不以慮

名句的誕生

清目而不以視，靜耳而不以聽，鉗口[1]而不以言，委心[2]而不以慮，棄聰明而反太素[3]，休精神而棄知故。

～淮南子・精神

完全讀懂名句

1. 鉗口：閉口不言。
2. 委心：隨心所欲。
3. 太素：即「大素」。道的境界至為樸素，故稱為「太素」。

語譯：要讓眼睛清澈明亮則不亂看，要使耳朵清靜就不亂聽，緊閉嘴巴不亂說話，隨心所欲而不亂想，放棄聰明機靈而回歸純樸自然，讓精神休養生息而丟棄智巧詐術。

名句的故事

《淮南子》認為人盛怒的情緒會破壞體內的陰氣，大喜的情緒會損傷體內的陽氣，過度憂慮會使精神崩潰，過度恐懼會使精神狂亂，因此修養精神的重要方法就是要使心神寧靜安定，不讓喜怒哀樂等情緒的變化影響心神。然而眼耳口鼻七竅是人的心神與外在世界的接口，修養精神就要從七竅與外在物慾的斷絕做起。

這與古代的醫學理論有關，古人認為風雨寒暑的天象變化、人的喜怒哀樂的種種情緒，這些都與五臟六腑有相應的關係，譬如《淮南子》即言：「膽為雲，肺為氣，肝為風，腎為

雨，脾為雷。」一方面天象與人的情緒變化會影響人的臟腑；另一方面「人法天」，如果四時有序，風調雨順是天之道，人的修養就要學習天道，使體內的陰陽之氣順暢，情緒安定，才能長生。

精神的寧定要修養到什麼樣的地步呢？《淮南子》提出解釋，醒著就好像昏睡一樣，活著就好像死掉一樣，與造化融合為一體，死生也為一體。「不視」、「不聽」、「不言」、「不慮」將感官閉鎖，精神回歸為混沌的狀態。

歷久彌新說名句

《莊子．應帝王》記載一則混沌的故事：南海的帝王叫做儵，北海的帝王叫做忽，中央的帝王叫做混沌，儵和忽常常到混沌那兒聚會，混沌每次都十分禮遇他們。混沌生來沒有眼、耳、口、鼻等七竅，儵和忽感謝混沌的禮遇，想要報答混沌，因此兩人共同商議：「人都有七竅，用來視聽、飲食、呼吸，只有混沌沒有，我們幫他開鑿孔竅吧！讓他也可以享受多采多姿的生活。」他們每天鑿一竅，七天之後，混沌卻死了。

莊子以這則寓言來表達混沌所象徵渾樸無缺的德性；七竅的鑿成，代表感官的開通。混沌的死則代表德性因感官的開通而敗壞，可以說明道家對感官敗壞德性的恐懼。

《老子．十二章》說得更明白：「五色令人目盲；五音令人耳聾；五味令人口爽；馳騁畋獵，令人心發狂。」五色令人眼花撩亂，五音令人聽覺失靈，五味令人味覺受損，馳騁打獵的遊樂令人心情奔騰不定。這裡說明縱情於感官的享受，不只是敗壞德性而已，更會令身體受到實質的損傷。

無外之外，至大也；無內之內，至貴也

名句的誕生

自無蹠[1]有，自有蹠無，終始無端[2]，莫知其所萌。非通於外內，孰能無好憎？無外之外，至大也；無內之內，至貴也。能知大貴，何往而不遂[3]？

～淮南子・精神

完全讀懂名句

1. 蹠：音ㄓˊ，到。
2. 無端：沒有起點和終點。
3. 遂：順遂。

語譯：從無到有，從有到無，沒有終點也沒有起點，不知道它的開端。如果不是通達內外之情，誰能沒有喜好或憎惡的情緒？沒有外邊的外邊是最廣大的，沒有裡面的裡面是最尊貴的。能夠知道什麼是最大與最尊貴的，無論做什麼都會順遂通達。

名句的故事

「無外之外，至大也；無內之內，至貴也」典出《莊子・天下》。戰國名家學者惠施的學術命題：「至大無外，謂之大一；至小無內，謂之小一。」最大的事物是什麼呢？惠施的答案是，沒有外邊的事物才是最大的。有了邊際，事物的大小就受到了限制；沒有限制才是最大的。同樣的，沒有裡面的事物才是最小的。這樣的討論，已經跳脫了現實的事物而進入邏輯的思維。惠施稱至大與至小為「大一」與「小一」，「一」有大小之分，其實仍舊是

「一」。

《淮南子》化用惠施的學術命題，它所謂的「至大」與「至貴」指的是「道」，而主要是在討論生命哲學。譬如有一個人舉著鋤頭掘土，背上又背著土筐，汗流浹背，氣喘吁吁，這時候如果能夠在濃密的樹蔭下休息，就會高興得不得了。人的勞動比喻生命的困境，而在樹蔭下休息比喻超越了困境。所以《淮南子》說：「宇宙之大，則不可刦以死生……知未生之樂，則不可畏以死。」（假如知道了宇宙的廣大，就不能用生死來脅迫他……知道還沒出生的快樂，就不能用死亡來使他感到畏懼。）「宇宙之大」也就是「無外之外」，「未生之樂」也就是「無內之內」，通曉了「至大」與「至貴」的「道」，也就是通達生命之情，對生死不再有喜怒好惡的情緒，而能保持心情的平和，這就是養生的大道。

歷久彌新說名句

《淮南子》雖然化用惠施的命題，實則仍本著道家思想，闡述養生的哲學，追尋道家的理想。

《莊子・秋水》中，河伯問北海若：「人們認為最微小的事物是沒有形體可求，最巨大的事物是無範圍可量測。真的是這樣的情形嗎？」

北海若則回答：「大小只是相對而言而已。無形是數量小到不能再分割，不可圍是數量大到無窮盡。『至精』和『至大』已經超越了有形所能規範的範圍，所以也沒辦法用數量來計算。就像可用言語思想表達的，都是很粗淺的道理；超越了言語思想所能表達的，才能直指道的本源。」莊子要人們擺脫不等同齊一的表面現象，才能逍遙遊於道的境界。

樂者所以致和，非所以為淫也；喪者所以盡哀，非所以為偽也

名句的誕生

兵者[1]所以討暴，非所以為暴也；樂者所以致和，非所以為淫[2]也；喪者所以盡哀，非所以為偽也。

～淮南子・精神

完全讀懂名句

1.兵者：軍隊。

2.淫：放縱。

語譯：軍隊是用來討伐暴亂，並不是拿來製造戰爭暴亂的；音樂是用來使人心境和諧愉悅，而不是為了讓人放縱的；服喪是為了讓人抒發哀戚之情，而不是為了惺惺作態的。

名句的故事

「樂者所以致和，非所以為淫也」是從古代儒家對音樂教化的理論延伸而來。《荀子・樂論》說：「樂者，樂也。」音樂的本質就是為了表達快樂，是人情之必然。所以人一定需要音樂，快樂的情感積聚在心中，藉由音樂宣洩出來，但是宣洩太過，就會造成縱欲與淫亂。所以先王制定音樂，一方面使情感得以抒發，一方面也不至於過度放縱享樂，這種狀態就叫做「和」。

《論語・八佾》提及：「喪，與其易也，寧戚。」朱熹解釋「易」為對喪禮各種儀節嫻熟的應對，這在孔子看來是虛偽無比的，孔子認為還不如心懷「悲戚」地進行儀式即可。

這是說重視禮儀的實質，而非其表面的虛文，剛好也可以解釋「喪者所以盡哀，非所以為偽也」的意義。

《淮南子・本經》這兩句話，是在說明治國之道應該遵循其根本，音樂的根本是「致和」，喪禮的根本是「盡哀」，一則關於教化，另一則關於禮儀人倫，都是治國的根本。

歷久彌新說名句

《韓非子・十過》記載一則有關音樂的故事：衛靈公拜訪晉國，途經濮水，半夜聽到美妙的音樂，就叫師涓將之譜寫下來。衛靈公到了晉國，請樂師演奏給晉平公聆聽，然而演奏到一半，就被晉平公的樂師師曠所阻止，師曠說：「這是紂王的樂師師延為他譜寫的靡靡之音。武王伐紂時，師延逃到濮上投水而死。你們一定是在濮上聽到此音樂。聽了這音樂的君王，國家都會衰敗，所以不可以繼續下去了。」可是晉平公卻表示演奏此音樂無妨，並且堅持聽完。晉平公聽完之後還感嘆地問師曠：「還有比這更美妙的音樂嗎？」師曠回答：「有的，當初黃帝在泰山和鬼神合奏清角之樂，風伯掃地，雨師灑道，騰蛇在地上扭舞，鳳凰在天上翱翔。但是君王您的德行太淺薄，聽了恐怕會有禍事。」晉平公堅持一聽，師曠只好演奏。開始演奏之後就有黑雲從西北方湧起，再來颳起大風大雨，吹破帷幕，祭器也吹落在地，把宮殿的屋頂和廊宇都吹壞了，所有人都驚嚇得跑開，晉平公也嚇得伏倒在地。晉國因此大旱三年，晉平公則癱瘓在床。它表達一種迥異於儒家音樂以「和」為尚的觀點：並非美妙的音樂能禍人，而是聽音樂的人德行淺薄，所以不能自持，而陷溺其中。

韓非為這則故事下了一句結論：「不務聽治，而好五音不已，則窮身之事也。」如果不從事聽政治理，而耽溺在美妙的音樂，就會使自身敗亡。

非澹薄無以明德，非寧靜無以致遠

名句的誕生

非澹薄[1]無以明德，非寧靜無以致遠，非寬大無以兼覆[2]，非慈厚無以懷[3]眾，非平正無以制斷。

～淮南子・主術

完全讀懂名句

1. 澹薄：恬淡寡欲。
2. 兼覆：比喻恩澤廣覆，無所遺漏。
3. 懷：懷柔、安撫。

語譯：國君如果不恬淡寡欲，就不能彰明德行；如果不保持心境寧靜，就不能思慮深遠；心胸若不寬大，就不能將恩澤廣覆；不慈愛敦厚，就不能安撫眾人；不公平正直，就無法裁決紛爭、判斷是非對錯。

名句的故事

《淮南子》這段話，主要是在說明治國君王應有的心胸與修養。要了解這句話，有必要了解先秦法家的政治哲學。韓非雖然是集法家之大成者，但他的政治哲學其實是從老子那裡借來而加以化用，由《韓非子》一書〈解老〉、〈喻老〉等篇章可見一斑，〈解老〉是解釋老子的思想，〈喻老〉是用故事概況說明《老子》文句的意義，但是韓非的解說是以法家的眼光重新理解老子的哲學。

簡而言之，韓非認為君王應當淵默自持，表現出一副高深莫測的樣子，讓臣下無從窺得深淺，才會對君王保持敬畏的心理。另一方面，君王不親自作為，以臣下的耳目為耳目，借他們的手施為，所以君主「無為」而臣下「無不為」。這樣的政治思想從《韓非子》、《呂氏春秋》一直延伸到《淮南子》，只是偏重的程度不同，施政的根本思維也不完全相同。

《淮南子》說：「君人之道，處靜以修身。」君王治理人民的方法，要能清靜無為修養自身。「處靜」即是「澹薄」，「寧靜」即是「無為」。「無為」的君王最重要的任務就是選賢與能，因材任人，並用刑賞加以羈勒，自己只要鳴琴垂拱，就能無為而治。恩澤廣覆與慈愛懷柔眾人是偏向儒家的思想，而公平裁斷又是偏向法家的思想，由此亦可看出《淮南子》雜家的思想特色。

歷久彌新說名句

三國時代著名的政治家諸葛亮曾寫一封〈誡子書〉告誡他的兒子諸葛瞻要好好修身學習。「夫君子之行，靜以修身，儉以養德。非澹泊無以明志，非寧靜無以致遠。夫學須靜也，才須學也。非學無以廣才，非志無以成學。慆慢則不能勵精，險躁則不能治性。」意思是說明君子的操行，要虛靜來修養自身，要儉約來培養德行。不恬淡寡欲就不能明確志向，不保持寧靜就不能負重致遠。學習需要靜心，才幹的培養需要學習。所以不學習就不能增長才幹，沒有志向就不能使學習有所成就。怠惰就不能發憤圖強，急躁就不能修養心性。

當然《淮南子》說的是君王治國的修養，〈誡子書〉說的是個人的修身，兩者看似不同，其實本質是一樣的。諸葛亮的〈誡子書〉以「靜」貫串全文，只有保持心情虛靜，才能領悟自身的志向；也只有虛靜心情，才能不忮不求，不焦躁冒險，把路走得長遠。平和的心情有助於學習，也有助於處事，修養自身心性莫大於靜。因此「澹泊明志」、「寧靜致遠」常成為現代人的座右銘。

不涸澤而漁，不焚林而獵

名句的誕生

故先王之法，畋不掩群[1]，不取麛夭[2]。不涸澤而漁，不焚林而獵。豺未祭獸[3]，罝罘[4]不得布於野；獺未祭魚[5]，罔罟[6]不得入於水。

～淮南子・主術

完全讀懂名句

1. 畋不掩群：打獵時不將野獸成群圍捕。畋，音ㄊㄧㄢˊ，狩獵。
2. 不取麛夭：麛，音ㄇㄧˊ。麛夭，泛指幼獸。不取麛夭是指不獵捕幼獸。
3. 豺未祭獸：豺狼捕獸之後，會將獵物陳列在洞口，有如祭祀陳列供品。古時以「豺祭獸」為正式進入狩獵季的開始；「豺未祭獸」意指尚未進入狩獵季。
4. 罝罘：音ㄐㄩ ㄈㄨˊ，捕捉鳥獸的網子。
5. 獺未祭魚：獺捕魚之後，常將所捕的魚陳列於岸邊，如同陳列供品。古時以「獺祭魚」為春季捕魚之始；「獺未祭魚」意指尚未進入捕魚季。
6. 罔罟：罟，音ㄍㄨˇ，網。罔罟即「網罟」。

語譯：所以先王治民的法則，是打獵時不將野獸成群圍捕，也不獵捕尚未成長的幼獸。不用將水澤放乾的方式打魚，不用焚林的方式將野獸趕出來獵捕。不等到秋末豺狼開始捕食野獸，不在郊野張布捕獸的網子；不等到入春水獺開始捕食魚類，不將捕魚的網子撒入水中。

名句的故事

「涸澤而漁，焚林而獵」典出《呂氏春秋》。春秋時晉楚城濮之戰前，晉文公召見咎犯，詢問致勝的方法。

「涸澤而漁，焚林而獵」意近「飲鴆止渴」，比喻短視近利，卻自傷根本。使用詭詐的手段，雖然暫時可能贏得戰爭，卻傷害了王道，敵人也有了防備之心。詐偽的方法雖然暫時可以得利，以後就行不通了，並不是長久之道。

《淮南子》用「不涸澤而漁，不焚林而獵」來說明治國的法則。治國的根本在於養民，養民的要義在於擁有充足的食物。食物的來源除了畜養六畜、播植五穀等之外，漁獵、畋獵也是重要的食物來源。魚或野獸的獵捕要有節度，給予生物休養的生機，不用趕盡殺絕的方式將牠們一網打盡，這樣才能年年有魚與野獸的獵獲，給予牠們生機也是維護自己的生存。

歷久彌新說名句

先秦典籍中有許多關於「涸澤而漁」、「焚林而獵」的記載。人類進化過程本就是由漁獵時代漸進至畜牧、農耕的時代，因此「涸澤而漁」、「焚林而獵」一開始只是人類求生存再自然不過的行為而已，並不含有貶抑或道德的意涵。《管子・輕重戊》即說道：「黃帝之王，童山竭澤；有虞之王，燒曾藪，斬群害，以為民利。」黃帝的稱王，是因為他砍伐山林、放乾水澤；有虞氏稱王是因為他焚燒林藪，斬除害人的惡獸，他們的所作所為都是為人民謀求福利。「童山竭澤」、「燒曾藪」可能是為獲取食物，也可能是墾闢荒地的手段。

後來等到人口漸漸增加，涸澤而漁、焚林而獵的舉動變成不適當的作為了，過度獵取禽獸，斷絕禽獸的繁殖，也就斷絕了人類未來的生計。在儒家的論述中，往往以道德的語句來表述，如賈誼《新書・禮》：「聖王之於禽獸也……不合圍，不掩群，不射宿，不涸澤。豺不祭獸，不田獵；獺不祭魚，不設網罟。……聖主所在，魚鱉禽獸猶得其所，況於人民乎（聖君所在的地方，魚鱉禽獸都會有牠們生存的空間，更何況人民呢）！」這一段話與《淮南子》無二致，卻是用來闡述聖主上體天和，能夠廣行仁澤。

到今天，「不涸澤而漁，不焚林而獵」猶能賦予我們新時代環保的觀點。對山坡地的過度開發，造成土石奔流；超抽地下水，造成地層下陷，這不都是「涸澤而漁，焚林而獵」短視近利而自傷根本的行為嗎？「不涸澤而漁，不焚林而獵」揭示我們對環境的使用要有節度，才能與環境創造共榮共利的關係。

有諸己不非諸人，無諸己不求諸人

名句的誕生

法者，非天墮，非地生，發於人間，而反以自正。是故有諸己不非諸人，無諸己不求諸人。所立於下[1]者，不廢於上[2]；所禁於民者，不行於身[3]。

～淮南子・主術

完全讀懂名句

1. 下：指下面的民眾。
2. 上：指在上位的官員、君主等。
3. 身：指在上位者自身。

語譯：法律，不是從天上掉下來的，也不是從地裡生出來的，而是從人間產生，訂定出來之後就要用它來匡正自身。所以自身有某種缺失就不該責求別人能夠沒有這樣的缺失，自身做不到就不該強求別人做到。立法要求民眾遵守的法律，在上位者也應一同遵守；禁止人民去做的事情，在上位者自身也不應該去做。

名句的故事

「有諸己不非諸人，無諸己不求諸人」源出《大學》。認為君子自己有仁德才去要求別人也需要具備仁德，自身無可挑剔才去責求別人的錯誤；此處的君子，指的是在上位者。就像堯、舜以仁德統治天下，民眾也樂於行仁德；桀、紂用殘暴統治天下，人民的性情也都非常暴橫。這是儒家一貫修身、齊家、治國、平天下的政教方法，要求君主必須以身作則，有極高的道德涵養，他所訂定的法令才能順利推行，樂於為民眾所接受與遵守。

《淮南子》仍本著以身作則、推己及人的意思，而著重在法律的討論。原典本為儒家思想，在《淮南子》的引用卻巧妙化為法家思想。《大學》強調君主的道德涵養，以道德來風行教化廣大民眾；《淮南子》卻在強調法律的公平性，一視同仁。正如《史記》中，張釋之對漢文帝所言：「法者，天子所與天下公共也。」法律是天子到人民共同遵守的，不因有特權而破壞，這樣法律才會得到尊重，人人也才願意遵守。

「有諸己不非諸人，無諸己不求諸人」另一個隱藏的意義是，君主做不到的事情，不要訂定為法律。《淮南子》說：「法生於義，義生於眾適，眾適合於人心。」法律生於道義，道義生於適合多數人，適合多數人就適合普遍人心。可見法律的公平在於它的合理性，不合道義的法律亦無人願意遵行。

歷久彌新說名句

「有諸己不非諸人，無諸己不求諸人」在墨子看來卻是一種邏輯推理的方法。《墨子・小取》：「以類取，以類予。有諸己不非諸人，無諸己不求諸人。」墨子說明「類推」的邏輯推理方式：歸在同一類的事物必定秉持同一原則，同樣的原則可以推論到其他事物；同類的事物具有一致性，不相悖逆。「有諸己不非諸人，無諸己不求諸人」則是類推原則應用到實際的論辯中，要求論點的一致性：自己贊成某一個論點，就不反對持同樣論點的人；自己不贊成某一個論點，也不要求別人贊成；不能為辯而辯，導致自相矛盾。

譬如公輸般為楚國製造雲梯，要用來攻打宋國，墨子聽到這件事，馬上趕過去見公輸般，說道：「北方有個人侮辱了我，希望您替我殺了他。」公輸般就很不高興，墨子說：「那我出十金請您做這件事。」公輸般說：「我是個有道義的人，不做殺人的事！」墨子說：「宋國無罪您卻製造雲梯要去攻打宋國，殺一個人不符合道義，殺很多人就符合道義嗎？您這樣不可說是『知類』啊！」

墨子斥責公輸般不知「類」，「類」指的是同樣道義原則的事類。如果公輸般認為隨意殺人不符合道義原則，那麼類推出去，替楚國造雲梯攻宋，將使很多人喪命，同樣違背道義原則，怎可前是後非，他的道義原則就有了矛盾，無法自圓其說。公輸般最終也因此被墨子說服了。

有野心者不可借便勢；有愚質者不可與利器

名句的誕生

雖有才能，其施之不當，其處之不宜，適足以輔偽飾非；伎藝之眾，不如其寡也。故有野心者不可借便勢1；有愚質者不可與利器2。

～淮南子・主術

完全讀懂名句

1.便勢：有利的形勢。

2.利器：國家的權柄。

語譯：雖然有才能，假如施用不當，應用的方法不合適，正好助長虛偽，掩飾過錯。這樣很多的才藝，還不如沒有比較好。因此有野心的人不可以提供給他們有利的形勢，資質愚昧的人不可以讓他們來掌握國家的權柄。

名句的故事

「有野心者不可借便勢；有愚質者不可與利器」是《老子・第三十六章》「國之利器不可以示人」脫化而來，利器指的是治國的賞罰等威勢。不可向人炫耀國家的威勢，要像魚處於深淵不被人所網一樣，向人誇耀自身的國勢只會導致國家的敗亡而已。老子揭示淵默自持，守柔不爭，方能常保安寧。

《淮南子》則以為「仁」是人的本質，用智慧去行事，仁智兩者缺一不可。再加上勇力（勇武有力）、辯慧（辯才良好）、捷疾（行動迅速）、劬錄（勤勉辛勞）、巧敏（靈巧聰敏）、犀利（言詞銳利）、聰明（耳聰目明）、審察（審慎明察）等等技藝，這樣的人可說是盡善盡美了。但是這一切應該本著仁智，如果沒有仁智而有眾多技藝，只會壞事而已。一個沒有仁智而有勇力的人，就像拿著劍發狂亂砍；沒有智慧而伶牙俐齒的人，就像駕著千里馬卻迷路。說明做人應先修仁智，立好根本，勇力、辯慧等附加在仁智之上才可以展現其價值。

「有野心者」是指缺乏仁質的人，「有愚質者」是指缺乏智慧的人。有野心的人若給他有利的形勢，就可能會謀反叛亂，禍害天下；愚昧的人若讓他掌握權柄，若不能做出適當的決策，那麼國家招致敗亡也是遲早的事。

歷久彌新說名句

曹操「挾天子以令諸侯」就是「有野心者，不可借便勢」，因他沒有仁質，雖能成為一代梟雄，三分天下，卻沒有辦法令其他人心服，結束三國紛亂；晉惠帝的「何不食肉糜」可說是「有愚質者，不可與利器」，雖然他貴為天子，可是腦袋痴愚，不識世務，所以其他宗室蠢蠢欲動，最終導致八王之亂。

韓非解釋「國之利器不可以示人」的意涵，是以賞罰的權柄為國之利器，《韓非子・喻老》：「賞罰者，邦之利器也。」韓非認為賞罰的權柄屬於治臣之「術」，君主有「術」，才有威勢，也才能得到臣民的敬畏；若是將賞罰的權柄交與大臣，則權力重心就會轉移到大臣手上，國君的威勢也會消失。

劉向《說苑・君道》記載一則故事也在說明這個道理：春秋時宋國的司城子罕向宋君進言，建議君王自己掌握獎賞的權力，而子罕則代替君王主掌刑罰。宋君認為這樣很好，由他自己扮白臉，讓子罕扮黑臉，這樣所有的美名都會集中到君主身上，然而最後的結果卻是臣民人人畏懼子罕刑罰的權力，都親附於子罕，導致子罕大權在握，最後甚至趕走宋君，自己專擅國政，由此可見掌權者實在不可將國之利器輕易示人呀！

國無義，雖大必亡；人無善志，雖勇必傷

名句的誕生

國之所以存者，仁義是也；人之所以生者，行善是也。國無義，雖大必亡；人無善志[1]，雖勇必傷。

～淮南子・主術

完全讀懂名句

1.善志：好的志向。

語譯：國家所賴以生存的條件是仁義，個人所賴以生存的條件是行善。國家假如沒有仁義，雖然強大也會滅亡；個人假如沒有好的志向，雖然勇敢，也會有害。

名句的故事

「國無義」的「義」指的是仁義，也就是廣義的仁義道德。依古代家國的政治思想，國之本在家，家之本在身，國家沒有仁義，是指國家的領導人沒有仁義。就像秦始皇以法術治國，對待臣民苛薄寡恩，雖集強權於一身，快速統一六國，建立無上功業，但不以仁義懷柔眾人，民眾迫於嚴刑峻法，不得不暫時臣服，心裡卻不感念君王。當秦始皇死後，六國遺民紛紛揭竿起義，秦帝國也因此分崩離析，這就是「雖大必亡」。

「人無善志，雖勇必傷」因為心中不懷善心，好勇鬥狠，就會傷害無辜的人；多行不義必自斃，別人也會找上門來報復，或者官府依

法律加以刑戮，終究是沒有好下場。殷紂王時的勇士飛廉與惡來父子，生有神力，日行千里，手裂兕虎，凌轢天下，但是「心無善志」，只知道對暴君紂王效忠，所以武王伐紂時，惡來兵敗被殺，飛廉則在霍太山自殺，這就是「雖勇必傷」。

這說明無論是在上位者或平民百姓，都必須以仁義作為立身處世的根本。心中沒有仁義而有勇力的人，就像發狂拿著利劍亂揮，仁義道德確立了做人的原則，為我們指引方向；沒有仁義道德觀的人，心中就沒有準則，行事全憑喜怒，任意妄為；有勇力的人更糟，因為他的蠻力會造成更多的傷害，就像拿了利劍傷人一般。

歷久彌新說名句

方孝孺的〈深慮論〉略論歷史：秦始皇滅掉六國後，認為周朝滅亡的原因在於分封諸侯，於是改封建為郡縣制，將大權集於一身，沒想到劉邦從民間崛起。漢朝建立後，又以秦朝為鑑，認為皇帝孤立無援不妥，又改回封建，以諸侯同姓之親可以互相扶持，結果有七國之亂。之後魏以漢為鑑、晉以魏為鑑，結果他們的滅亡都出乎意料之外。

方孝孺認為古代的聖人知道後世的變化，不是智慮所能周全，也不是法令權術所能控制，所以不敢放肆他們的陰謀詭計，只是「積至誠，用大德，以結乎天心」，希望上天能顧念他們的德行，即使後代子孫不肖足以亡國，但老天也不會一下子將之滅亡，這才是真正的深謀遠慮之道。

孔子學生子路以好勇尚力著稱。有一次，子路問孔子：「君子崇尚勇力嗎？」子路希望自己的價值觀能獲得孔子認可，孔子回答：「君子義以為上。君子有勇而無義為亂，小人有勇而無義為盜。」有德行的人首先尊崇的是仁義。在上位的人只有勇力卻無仁義道德就會作亂；一般民眾有勇力而無仁義道德就會去當強盜。因此「勇」在孔子的價值觀裡，是遠遠排在「義」、「禮」、「學」之後。

其施厚者其報美，其怨大者其禍深

名句的誕生

其施厚[1]者其報美，其怨大者其禍深。薄施而厚望，畜[2]怨而無患者，古今未之有也。

～淮南子・繆稱

完全讀懂名句

1. 厚：恩德。
2. 畜：積聚。

語譯：一個人如果給予他人許多，所獲得的回報就會是美好的；如果招致怨恨很大，所獲得的禍患也就會很深。給予他人很少卻希望獲得很大的回報，招致積怨卻希望沒有禍害，這是古往今來從未有過的事情。

名句的故事

《淮南子》的這句話主要是在告誡君主必須以道治國，不欺人民，人民自然會回報君主。《墨子・法儀》主張，治理國家的法則要以天為法則，因為「天之行廣而無私，其施厚而不德，其明久而不衰，故聖王法之」意即天的運行是廣大無私的，它的恩德深厚卻不自居，它的光明永不毀滅，所以聖王以天為法則。墨子進一步說明，以天為效法的對象，行事作風就必須依據天的道理，上天對全人類是給予完全的愛護與利益，所以上天也是希望人們之間能夠互相有愛、互相有利。這是墨子「兼愛」的觀念，他的「施厚者」所獲得的回報是非常超然，並且具備宗教家的精神。

《管子・形勢解》有言：「民之所以守戰至死而不衰者，上之所以加施於民者厚也；故上施厚，則民之報上亦厚；上施薄，則民之報上亦薄。」百姓之所以願意為國家防守備戰，即使犧牲生命也不投降，是因為要報答君主的深厚恩德；所以君王廣施恩德，百姓自然會全力報答；君王如果刻薄寡恩，百姓自然也會冷漠以對。「施薄」者就是「怨大者」，這樣的君王通常會面臨亡國的下場。

歷久彌新說名句

歷史上因怨大而招致禍深者，莫過於以強烈手段來推動改革者。例如，戰國時期的商鞅，雖然成功將秦孝公推向國際政壇，但是由於執法過於嚴苛、毫無寬容的餘地，招致不少怨恨，當失去秦孝公這把保護傘之後，便被秦惠王處以「車裂」的刑罰，也就是所謂的「五馬分屍」。繼商鞅之後的李斯，是幫助秦始皇統一中國的大功臣。然而，他害死韓非，還推動「焚書坑儒」，過大的權勢也為他種下無窮的禍患。秦二世登位之後，宦官趙高便用謀反的罪名誣陷李斯與李斯的兒子，李斯最後被腰斬於咸陽、並被滅三族。

到了西漢，景帝時期的御史大夫晁錯，推出所謂的削藩政策，用以鞏固君王的政權，卻直接與各諸侯王國的既得利益者產生嚴重衝突。因此當諸侯們喊出「誅晁錯、清君側」，不僅是憤怒，還成為順理成章起兵叛變的響亮口號。「七國之亂」重創了漢朝初期的皇權，當時漢景帝只能慌張失措地把晁錯推出去腰斬，晁錯的親屬也被處死棄市。

在上位者推動政策時，就算政策立意良好，但是如果施政的手法過於激烈，還是會招致反彈；因為善因得善果、惡因得惡果，其實都是自己的選擇。

福之萌也綿綿，禍之生也介介

名句的誕生

福之萌[1]也綿綿[2]，禍之生也介介[3]。福禍之始萌微，故民嫚[4]之。

～淮南子・繆稱

完全讀懂名句

1. 萌：事物發生的開端或徵兆。
2. 綿綿：細微，連續不斷的樣子。
3. 介介：微小。
4. 嫚：輕視的意思。

語譯：幸福發生時是相當微小的；災禍開始時也是相當微弱的。因為禍福的發生總是細微，很難察覺，所以一般人都不當一回事。

名句的故事

《戰國策》記載，中山國的國君有一次宴請大臣，大夫司馬子期也被邀請。然而在分送羊肉羹時，卻唯獨司馬子期沒分到。這般侮辱讓司馬子期一氣之下跑去投奔楚王，並積極說服楚王出兵攻打中山國，使得中山君不得不展開逃亡。

中山君逃亡的時候，一直有兩個人跟隨在他的身邊，中山君好奇地問這兩個人到底是圖什麼，這兩個人回答說：「我們的父親有一次快要餓死了，您及時給他一碗熱騰騰的食物飽餐，因此父親臨死前交代：『中山君如果有了危難，你們一定要為他而死。』所以今天特地來為您而死。」一碗小小的羊肉羹讓中山君招致災禍，付出亡國的代價；一碗熱騰騰的食物也讓中山君招致福報，獲得兩名忠心耿耿的死士。

就如同《文子》一書曾記載老子說的話：「福之起也綿綿，禍之生也紛紛，禍福之數微而不可見，聖人見其始終，故不可不察。」當幸福開始發生時會連續不斷出現，災禍開始產生時也會不斷出現，但是禍福的產生卻細小到很難被一般人所察覺，只有聖人才能掌握，因此我們不得不謹慎觀察周遭的變化。

歷久彌新說名句

《容齋四筆》有一則故事。宋哲宗的時候，崔德符因為得罪了當朝權貴被貶官，到了宋徽宗時才又被重新起用，在洛陽當個監管農作事務的小官，偶爾會到洛陽會節園去閒逛、賞花。

不久，宦官容佐被下令負責修繕會節園，把這個園子改給皇家使用，平常老百姓不可以隨意進出。但是，崔德符從來不與宦官容佐打交道，也不知道會節園已經不是人人都可以進去的花園，有一天他還是帶著一匹瘦馬、一個隨從，悠然自得閒逛著會節園。興致一來，崔德符作起詩來，然後仰天長嘆一番後，上馬離開。

崔德符根本沒料到他的老馬為他留下禍害之源。原來這匹老馬在崔德符作詩時，留下了一堆糞便。隔天，容佐來巡園子，看到馬糞，很是生氣，覺得這是對皇帝大大的不敬，爾後又知道是崔德符所為更加生氣，因為崔德符來到京城作官，根本沒有向他這個當紅太監拜碼頭。所以容佐便向皇帝稟報，崔德符擅自闖入皇家花園。

崔德符再一次被罷官，恐怕他自己也莫名其妙吧！然而，一個人能遇到福、還是遇到禍，真的就是在彈指之間的所作所為。

知己者不怨人，知命者不怨天

名句的誕生

聖人為善若恐不及，備禍若恐不免。蒙塵而欲毋眯[1]，涉水而欲無濡[2]，不可得也。是故知己者不怨人，知命者不怨天。

～淮南子・繆稱

完全讀懂名句

1. 眯：眼皮微闔。
2. 濡：浸濕、沾濕。

語譯：聖人行善就像是擔心來不及，防範禍患就像是擔心躲不開。臉上蒙上灰塵卻不想瞇著眼睛，徒步涉水過河卻不想把腳弄濕，這是不可能做到的。所以，了解自己的人是不會埋怨他人，了解命運的人是不會怨恨上天。

名句的故事

針對「知己者」與「知命者」，歷代先賢和《淮南子》作者一樣，有許多深刻而精闢的討論。

在《荀子・榮辱》中有所謂：「自知者不怨人，知命者不怨天，怨人者窮，怨天者無志。失之己，反之人，豈不迂乎哉？」了解自己的人不會去抱怨別人，懂得自己命運的人不會埋怨老天；喜歡抱怨別人的人容易走投無路，喜歡抱怨老天的人是不會立志進取；錯誤的根源在自己的身上，卻反而去苛求別人，豈不是繞遠路了嗎？

《荀子》提到一個重點，即「失之己」，問題在自己的身上，不需要向外去找尋，《荀子・法行》另有說明：「怨人者窮，怨天者無識。」抱怨別人容易陷入困厄，抱怨上天那就是沒有見識。

顯而易見地，知己與知命的重要意義在於能夠了解自己、掌握自己，如同孔子說：「不怨天，不尤人，下學而上達，知我者其天乎！」意思是說，我不抱怨上天、不怪罪別人，從身邊事物開始學習、進而能夠知曉天命，能夠了解我的，恐怕只有老天爺了。孔子雖說了解他的只有上天，但實際上是指自己透過各種學習管道，達到「知己」與「知命」的境界，因此不會「怨天尤人」。

歷久彌新說名句

《老子》曾說：「知人者智也，自知者明也。」能夠瞭解別人是有智慧的人，能認識自身長短的是心境清明的人。「知人」並不難，只要在與人交往時多用心，很容易瞭解他人的習性；而能夠「自知」才是真正困難的。

《韓非子》中有一則故事，楚莊王想要征討越國，杜子勸他說：「大王您為什麼要討伐越國呢？」楚莊王回答：「因為現在的越國政治混亂、軍隊戰鬥力低落。」杜子進一步說：「臣認為，智慧就像眼睛一樣，眼睛能夠看到百步之外的地方，卻看不到自己的眼睫毛。大王呀，您曾經敗給秦國、晉國，喪失好幾百里的國土，這就是士兵戰鬥力弱。莊蹻在楚國境內不斷危害百姓，地方官吏卻始終不能將他緝拿歸案，這是因為楚國社會不安定。這麼看來，楚國的政治和兵力，其實也跟越國一樣。」

說穿了，杜子是在諷刺楚莊王看得見別人的缺點，卻看不見自己；也同時讓我們了解「知己」與「知命」的困難度。「知己」才能夠正確的評價自己，也才能「知命」，擁有清明的心境，自然就不會怨天尤人。

壹快不足以成善，積快而為德；壹恨不足以成非，積恨而成惡

名句的誕生

壹快[1]不足以成善，積快而為德[2]；壹恨[3]不足以成非，積恨而成惡。故三代之稱[4]，千歲之積譽也；桀、紂之謗，千歲之積毀也。

～淮南子．繆稱

完全讀懂名句

1.壹快：讓人一時感到快樂之事，指做好事。
2.德：這裡是善的意思。
3.壹恨：讓人一時感到悔恨之事，指做壞事。
4.稱：讚頌、讚譽。

語譯：做了一件好事還不能說是行善，但不斷去做好事，就能稱做善行；做一件壞事還不代表品德敗壞，但經常做壞事就會成為壞人。所以夏商周三代的善政美譽，是千年以來被人歌誦的結果，夏桀、紂王受人唾罵，是千年以來被人指責的結果。

名句的故事

這句佳言的原型出自於《易經》，在《易經．繫辭下》中有言：「善不積，不足以成名；惡不積，不足以滅身。小人以小善為無益，而弗為也，以小惡為無傷，而弗去也，故惡積而不可掩，罪大而不可解。」一個人如果不累積善行，就不會成名天下，一個人如果不持續作惡，也不會身敗名裂；小人常以為行小善沒有好處，所以不去行善，以為行小惡沒有什麼傷害，也不去改過，日積月累，罪惡便會越來越大而無法解決了。

因此《荀子・勸學》說：「積善成德，而神明自得。」一個人不斷累積善行，便能培養出高尚的品德，進而使智慧清明、心靈自在，這就是「積快而為德」的至高境界。《易經》又說：「何校滅耳，凶。」一個人的罪惡深重，刑具都掛在頭上已經看不到耳朵了，真是禍害到了極點，這就是「積恨而成惡」的結果。這也正是《淮南子》的作者想藉由這句話世人告誡的道理。

歷久彌新說名句

三國時代的劉備在臨終之前，留下遺詔，教誨他的兒子劉禪說：「勿以惡小而為之，勿以善小而不為。惟賢惟德，能服於人。」勸勉他要進德修業，才能讓臣民信服，因為一個君王所累積的善行可以照護百姓，所累積的惡行卻會破壞君主的信用。

元代關漢卿的劇曲作品〈裴度還帶〉說的是一則「施小善」的故事：唐代宰相裴度年輕時有位算命仙斷定他不久會餓死，但一個月後卻說：「你今後將位至三公。」裴度很疑惑，問算命仙為什麼兩次的結果有所不同，算命仙回答：「因為你做了善事。」原來，裴度在廟會時撿到三條貴重的玉帶，一直在廟前等候失主回來領取。這玉帶是失主用來為父親脫罪的，裴度將之原物歸還，等於救了失主的父親一條命，而這樣的善行也改變裴度的命運。

孔子在《論語》曾說：「君子無終食之間違仁，造次必於是，顛沛必於是。」君子的行為不論在最緊急的時候、或是在顛沛流離的時候，沒有任何一刻是會違背道德的，這就是我們勉勵自身要隨時善言善行的座右銘。

以一世之變，欲以耦化應時，譬猶冬被葛而夏被裘

名句的誕生

夫以一世之變，欲以耦[1]化應時，譬猶冬被葛[2]而夏被裘[3]。夫一儀[4]不可以百發，一衣不可以出歲。儀必應乎高下，衣必適乎寒暑。

～淮南子．齊俗

完全讀懂名句

1. 耦：音ㄡˇ，符合、適應之意。
2. 葛：夏天所穿的衣服。
3. 裘：冬天所穿的皮衣。
4. 儀：供測量的器具，這裡指箭靶。

語譯：想要以一個世代的變化規則，拿來適應未來世代的變化與時勢，就好比在冬天穿上葛布，在夏天穿上皮衣。一個箭靶無法承受

一百支箭射過來，一件衣服也無法穿超過一年；箭靶要符合射箭的高低，衣服必須適應天氣的寒冷或暑熱。

名句的故事

《淮南子》在本句是主張「世異則事變，時移則俗易」，所以聖人「論世而立法，隨時而舉事」，即聖人是根據當世的現象來訂定法規，應時代變化來治理國家。《淮南子》又舉例，古代君王曾祭天祭地者，一共有七十多位，但是他們的法令制度各不相同，這並不是他們有意區隔，而是因為所面臨的時代不同。因此，後人不能照抄過去所留下來的現成法令，而是應該效法他們制定法令的精神，先聖制定法令的精神就是根據當代的民情不斷修改

法令。

本句所說的「冬被葛、夏被裘」當然是不對的，應該是「冬裘夏葛」，冬天穿皮毛做的衣服，夏天穿葛麻做的衣服。事實上，用皮毛做的衣服比其他材料做的冬衣還要華貴，用葛麻做的衣服也比其他材料做的夏衣更加涼爽。

歷久彌新說名句

作為一個君王要懂得「耦化應時」，這是治理國家的基本原則，然而歷朝歷代的改革確實也有出現不諳變通、一味奉行古制的迂腐作為，「王莽變法」就是一個活生生的例子。

王莽在篡漢後，打著尊古崇儒的旗號，宣布實施改革，但是他卻將書本上的規矩，硬生生套在漢朝當世社會，這之間的時空距離，少說也有五百年，上古的社會條件、物質條件、思想觀念，比之於漢潮，根本是全然不同。

例如，他宣布全國土地改稱「王田」，仿照周代「井田制」分發每戶固定的土地面積，不許私自買賣。井田制度是上古社會的理想土地耕作制度，然而自戰國時代井田制便開始崩潰，商鞅變法後，土地早已私有，可以買賣與創造財富了，「王田」根本不符現實，實施起來自然阻礙重重，王莽的其他改革措施也都是一樣，最後弄得天怒人怨，全盤失敗。對王莽的復古行動，國學大師錢穆批評：「完全是一種書生的政治。」

得十利劍，不若得歐冶之巧；得百走馬，不若得伯樂之術

名句的誕生

今欲學其道，不得其清明玄聖[1]，而守其法籍憲令[2]，不能為治亦明矣。故曰：「得十利劍，不若得歐冶[3]之巧；得百走馬，不若得伯樂之數。」

~淮南子·齊俗

完全讀懂名句

1. 玄聖：前賢先聖。
2. 憲令：國家的法令。
3. 歐冶：就是春秋時期的鑄劍師歐冶子。

語譯：現在要學習古聖先賢的治國之道，如果掌握不到他們清淨明朗的心性，只是一味固守他們留傳下來的典籍、法令，還是無法把國家治理好。所以說：「獲得十把銳利的寶劍，不如掌握歐冶子的鑄劍技術；獲得百匹好馬，不如掌握伯樂的相馬技術。」

名句的故事

在本句名言中有兩個重要人物，一位是大家熟知的相馬高手伯樂，另一位是鑄劍高手歐冶子。歐冶子是春秋戰國時期的一位鑄劍師，根據《越絕書》記載，歐冶子曾為越王允常鑄造五把寶劍，即湛盧、巨闕、勝邪、魚腸、純鉤，就是後世稱頌的「越國五劍」。

這五把寶劍後來傳給句踐，句踐邀請當時一個相劍的名人薛燭來鑑賞這幾把寶劍，並且告訴薛燭，有人估算認為純鉤這把寶劍抵得上兩個有市集的鄉鎮、好馬一千匹、兩座一千

戶的城池。薛燭聽了之後搖搖頭說：「當年在鍛鑄這把寶劍時，因為赤堇山山崩，才採到錫礦；若耶溪乾枯，才採到銅礦；老天爺下雨幫忙除去了灰塵，雷神發出閃電造起狂風……。歐冶子是借助天上眾神的力量，將他的智慧與技術全部貢獻出來，才鑄成這五把寶劍的。」

這真是一個神奇的鑄劍過程，卻也傳達出歐冶子精練的鑄劍技術，怪不得《呂氏春秋》上也說：「得十良劍，不若得一歐冶。」即使擁有十把寶劍，也不如擁有像歐冶子一樣的技術，有了技術，就不只可以獲得十把寶劍了。

歷久彌新說名句

「越國五劍」有一把是所謂的「魚腸之劍」，這個故事要從伍子胥談起。伍子胥原本是楚國的大臣，但由於受到奸人陷害，被迫逃離楚國。伍子胥輾轉來到吳國，並與吳國公子光交好。

伍子胥深知公子光一直想要謀反篡位，因此把專諸推薦給公子光。公子光獲得專諸之後，便把他奉若上賓。不久，吳王僚派兵去圍攻楚國，不料楚國應變得宜，反而切斷了吳兵的退路，導致吳兵無法班師回國。公子光見機不可失，便假借名義，在家備酒宴請吳王僚。幾杯黃湯下肚後，公子光以不舒服為由回房休息，接著，立刻命令專諸把短劍放在熟魚的腹中，進獻給吳王僚。專諸在快要靠近吳王僚時，突然拉開魚腹，拿出短劍刺向吳王僚，吳王僚當場慘死，而專諸也被吳王僚的左右侍衛給殺死。最後公子光的兒子立為王，是為闔廬。為了感念專諸的忠心效命，於是任命專諸之子為卿。

至是之是無非，至非之非無是，此真是非也

名句的誕生

忤[1]於我，未必不合於人也；合於我，未必不非[2]於俗也。至是之是無非，至非之非無是，此真是非也。

～淮南子・齊俗

完全讀懂名句

1. 忤：違背、不順從的意思。
2. 非：反對、詆毀的意思。

語譯：違背我的想法，不見得就不符合別人的想法；符合我的想法，未必就不會受到大眾輿論的反對。最正確的正確是沒有錯誤的，最錯誤的錯誤是不會正確的，這才是真正的是與非。

名句的故事

本句名言討論的是人們心中的那一把尺，雖然我們自認為的是與非，並沒有誰一定是對或誰一定是錯，但是世界上還是存在著絕對的正確與絕對的錯誤。《淮南子》還認為，絕對的「對」或絕對的「錯」是要能夠適用於整個宇宙，而能適用於整個宇宙的鑑定標準就是「道」。

莊子的是非觀就是相對的，他說：「物無非彼，物無非是。自彼則不見，自知則知之。」意思是說明各種事物的內在都擁有它自身對立的那一面，各種事物的內在也都擁有它自身對立的這一面；從事物相對立的那一面便看不見這一面，只有同時看到對立的兩面，才

能有真正的認識。

這是因為人在面對世事時，都有自己認定的立場，所以往往只能夠看到事物的這一面，就以為自己已經認識事物的全貌，而這也就是「執著」，都是以自己為價值核心；莊子即認為，人彼此之間的紛爭就是因此而來。

無論如何，我們還是必須具備最基本的判斷是非對錯的能力，如同荀子所說：「是是非非謂之知，非是是非謂之愚。」能夠肯定正確的、否定錯誤的，這就是智慧；而把錯的認為是對的、把對的認為是錯誤的，那就是愚昧。

歷久彌新說名句

人常會執著於心中的是與非，因此以偏概全、導致無法了解真相，這就像「盲人摸象」一樣。話說古代有一位君主，叫大臣召集盲人來摸象，摸完之後，請每個盲人說說大象的樣子。有人說大象長得像蘿蔔，因為他摸到的是象牙；有人說大象長得像畚箕，因為他摸到的是耳朵；如此一來，每個人說出的大象樣子都不一樣，因為他們執著於自己所認知的那一部份。

晉朝還有一個「吾雖不殺伯仁，伯仁由我而死」的故事。王敦因為沒有受到晉元帝的重用，所以起兵攻打朝廷，王敦的哥哥王導擔心晉元帝因此誅殺王氏家族，所以極力請求晉元帝的諒解。王導跪在皇宮門口時，看見周伯仁走過去，便一直呼喚他，希望他能幫幫忙，沒想到周伯仁沒有理會就走開了。其實，周伯仁在晉元帝面前不斷替王導求情，甚至還上奏表給皇帝。後來王導拿下政治大權，秋後算帳時順便殺了周伯仁。有一天，王導去找晉元帝時，發現皇帝的桌上放著周伯仁為他請求的奏摺，才知道自己誤會周伯仁了。真正的是與非應該謹慎去求證，萬不可憑一己之印象就妄下斷言呀！

人不兼官，官不兼事

名句的誕生

治世之職[1]易守也，其事易為也，其禮易行也，其責易償[2]也。是以人不兼官，官不兼事，士農工商，鄉別州異。

～淮南子・齊俗

完全讀懂名句

1. 職：職務，分內該做的事情。
2. 償：實現。

語譯：在治世中，人們會堅守自己的本分做事，事情容易處理，規矩容易實施，責任也容易達成。所以人不需要兼任多種官職，官吏也不用兼任多種職務，士農工商各行其職，在各鄉州各自負責本分的事情。

名句的故事

《韓非子》曾提到，管仲向齊桓公建議不要任用豎刁、易牙，管仲的理由是他們不愛惜自己的身體，也就不會愛惜自己的君主。韓非子反對管仲的這個說法，因為管仲並沒有提供齊桓公用人的正確建議。

韓非子主張：「明主之道，一人不兼官，一官不兼事。卑賤不待尊貴而進，論，大臣不因左右而見。百官修通，群臣輻湊。」意思是說，明君的治國原則是：一個人不兼任多種職務，一個官不兼管多種工作；地位低的人不必等待地位高的人來推薦，群臣不用經過君主的近侍來引見；百官都可以逐級上通，群臣好像車輻一樣聚集、歸附君主。

韓非子認為，君主可以透過這種制度，讓群臣專心於自己的工作、以掌握群臣的功過，便不會受到蒙蔽。管仲不向齊桓公說清楚這個道理，只是要齊桓公趕人，走了一個豎刁，難保下一個豎刁不會出現；而且齊桓公最後還是把豎刁召回來。豎刁回來之後，兼官又兼事，反而有了獨攬朝政大權的機會，終究導致齊國內亂，齊桓公自己被活活餓死。這也正是《淮南子》的作者想要告誡的事。

歷久彌新說名句

「人不兼官，官不兼事」要的就是任有專攻、各司其職，方能彰顯政府各層級該有的行政效率，吏治有度，則政府效能自然有度，社會也就能夠安定。

例如《資治通鑑》記載，唐代立國初年，士大夫因為戰亂後的顛沛流離，政府官員數目並不充足。唐太宗即位後立即展開選官，命令參選者到尚書省來參選，貞觀元年參選者就有將近七千多人，由吏部根據人才的特長來授予官職，使各得其所。

然而，唐太宗繼位之初，便要解決各項災荒，包括饑荒、蝗災、還有水災，當然還有對抗北方突厥頡利可汗的各種準備工作。在整體作業的調度過程中，唐太宗亦有感行政作業的冗長，覺得每個官職都要選到對的人，只要用到對的人，官員人數少也沒有關係，如果官員的素質不好，用一堆人也沒有用。

因此，唐太宗要求宰相房玄齡進行裁員，中央官員最後只留下文武官額六百四十三人，大大提高唐朝政府的行政效率，也推動了「貞觀之治」的出現。

人才不足專恃，而道術可公行

名句的誕生

夫騏驥[1]千里，一日而通[2]，駑馬[3]十舍[4]，旬[5]亦至之。由是觀之，人才不足專恃，而道術可公行也。

～淮南子・齊俗

完全讀懂名句

1. 騏驥：駿馬、好馬。
2. 通：到達。
3. 駑馬：資質不好的馬、劣馬。
4. 舍：音ㄕㄜˋ，古代計算行軍里數的單位，三十里為一舍。
5. 旬：十天。

語譯：一匹好馬可以行奔千里路，一天就可以到達了，而資質差的馬要跑三百里路，十天也可以到達。如此看來，治理國家不見得要倚賴專門的人才，但是治理國家的道理與方式則是可以普遍適用的。

名句的故事

《淮南子》的這句話主要是在探討治國是否該仰賴專才與治國策略的普遍適用性。《戰國策・韓策》有一則故事：韓昭侯在他人的推薦下，聘用了申不害。申不害的出身不高，卻精通黃老學說，也對法家的刑名之術頗有研究，因此韓昭侯在他的輔佐之下，國力日強，內政法治與外交關係都十分穩固。有一天，申不害向韓昭侯推薦自己的堂兄來做官，韓昭侯當場拒絕，申不害面露埋怨之色。

韓昭侯便說：「非所謂學於子者也。聽子之謁，而廢子之道乎？又亡其行子之術，而廢子之謁乎？子嘗教寡人循功勞，視次第。今有所求，此我將奚聽乎？」意思是指這不就是從你那裡學來的治國之道嗎？你希望我聽從你的請求，而拋棄你的教導呢？還是推行你的治國之道，而拒絕你的請求呢？你曾經教導我要按照功勞大小來安排官職等級，現在你卻替人求官，我應該要聽哪種意見呢？

姑且不論申不害的堂兄是不是人才，韓昭侯對於落實治國之道的堅持是十分可敬的，也唯有如此的堅持，才能招攬到與其有相同治國理念的人，而這些人是否具備專業才幹，就不是他考量的重點。因此，申不害才會非常慚愧，立刻向韓昭侯請罪說：「您才是真正的明君啊！」

歷久彌新說名句

宋代詩人蘇東坡在剛剛被貶到海南島時，日子孤單寂寞，江南文士葛延之來探訪，讓他高興又十分感動。葛延之在臨別前，蘇東坡曾教他作文章的方法。蘇東坡提到作文章的方法就好像街坊上的店鋪，各種貨物通通都有，但是需要一樣東西去交換，才能夠取得它們，這個東西就叫做「錢」。因此，蘇東坡又說：「今文章、詞藻、事實，乃市諸物也；意者，錢也。為文若能立意，則古今所有，翕然並起。皆赴吾用。」這裡的市場指的是各類書籍。意思是文章、詞藻、事實等資料，都散落在各種書籍當中，也需要透過一種「錢」去獲得，這個錢就是「意蘊」；寫文章如果能有好的意蘊，那麼古往今來的所有資料，都能夠很快聚攏起來，為自己所運用。

因此，文人寫作文章不能只是倚賴手中的書籍資料，一旦腦袋裡沒有想法、意蘊，就無法充分運用知識典故；而君王治理國家也是一樣，縱使擁有很多的人才，如果沒有掌握普遍可行的治國方法，也一樣無法聚集身邊人才的力量，將國家管理得妥妥貼貼。

鳥窮則噣，獸窮則觸，人窮則詐

名句的誕生

民困於三責[1]，則飾智[2]而詐上，犯邪[3]而干免[4]。故雖峭法[5]嚴刑，不能禁其奸。何者？力不足也。故諺曰：「鳥窮則噣[6]，獸窮則觸[7]，人窮則詐。」

～淮南子・齊俗

完全讀懂名句

1.三責：三種罰責。
2.飾智：耍小聰明。
3.犯邪：做違法的事情。
4.干免：免，危罪；「干免」即干求免罪。
5.峭法：嚴苛的律法。
6.噣：音，ㄓㄨㄛˊ，就是「啄」。
7.觸：獸類用犄角去抵抗物件。

語譯：民眾礙於國家規定的三種罰責，於是用小手段欺騙官府，想辦法規避所做的犯法事情。這樣一來，就是有嚴刑峻法也無法禁止這些人作奸犯科。為什麼呢？因為人的能力實在難以達到國家的要求。所以俗話說：「鳥無處可飛時會亂啄，野獸無路可去時會到處亂撞，人到走投無路時會開始欺騙。」

名句的故事

本句名言出自《荀子》。魯定公有一次向顏淵誇獎東野畢的騎術，顏淵卻說：「東野畢的騎術是很優秀沒錯，但他的馬總有一天會逃走。」魯定公聽了不太高興，顏淵因而離開。過了三天，看馬的人急著稟報：「東野畢的馬跑掉了！」魯定公聽了立刻派人把顏淵請回來。

顏淵回來後，魯定公問他：「您如何知道東野畢的馬會逃跑呢？」顏淵說：「我是透過治理國家的方式知道的。」接著解釋，舜用寬容治理百姓，不會把民力用盡，因此不會失去民心；造父會適當地駕駛馬匹，不會用盡馬匹的精力，所以不會失去他的馬匹；可是，東野畢僅僅為了朝儀就用盡馬力，而且不斷要求馬匹配合，馬兒受不了，當然會逃跑呀！

之後，顏淵說出了「鳥窮則啄，獸窮則攫，人窮則詐」一話，提醒魯定公：「自古及今，未有窮其下而能無危者也。」從古到今，沒有聽過讓百姓走投無路後，君王還不會陷入險境的。顏淵最後這句話顯然是要提醒魯定公關心民生疾苦及留心國家經營之道。

歷久彌新說名句

話說王安石變法推行保甲制度，有很多百姓為了躲避兵役，不惜殘害自己的身體，甚至侵害官吏。當時的大臣王嚴叟便向皇帝說：「夫緣情以推法，則愈久而愈行；倚威以行令，則愈嚴而愈悖。」意思是根據民情來推行的法令才容易持久施行，如果用威勢來推動，越嚴厲就越受阻礙。保甲制度會導致民怨，是因為執行太過嚴苛，因為「獸窮則搏，人窮則詐」，希望保甲制度的執行能有更寬容的方式。

太史公司馬遷曾在《史記・屈原賈生列傳》寫道：「人窮則反本，故勞苦倦極，未嘗不呼天也；疾痛慘怛，未嘗不呼父母也。」司馬遷的「人窮則反本」是從個人立場出發，特別是情緒上，也是指人在走投無路時，就會想回到本源，所以在勞累困苦不堪時，沒有不哭天喊地的；在受到病痛折磨時，沒有不呼喊父母的。

國家圖書館出版品預行編目資料

淮南子：中文經典100句／文心工作室編著. -- 初版. --
臺北市 ： 商周，城邦文化出版：家庭傳媒城邦分公司發行；
2010.09　面：　　公分. -- （中文經典100句；21）

ISBN　978-986-120-250-1（平裝）

1. 淮南子　2. 注釋

121.21　　　　99014551

中文經典100句21
淮南子

總 策 畫／季旭昇教授
作　　者／文心工作室（楊于萱、吳秉勳、翁淑玲、梁芳蘭、蕭正龍、許敦迪、白百伶）
責任編輯／謝函芳

版　　權／林心紅
行銷業務／甘霖、蘇魯屏
總 編 輯／楊如玉
總 經 理／彭之琬
發 行 人／何飛鵬
法律顧問／台英國際商務法律事務所　羅明通律師
出 版 者／商周出版
城邦文化事業股份有限公司
台北市104民生東路二段141號9樓
電話：(02) 25007008　傳真：(02)25007759
Blog：http://bwp25007008.pixnet.net/blog
E-mail：bwp.service@cite.com.tw
發　　行／英屬蓋曼群島商家庭傳媒股份有限公司城邦分公司
台北市中山區民生東路二段141號2樓
書虫客服服務專線：(02) 25007718・(02) 25007719
服務時間：週一至週五09:30-12:00・13:30-17:00
24小時傳真服務：(02) 25001990・(02) 25001991
郵撥帳號：19863813　戶名：書虫股份有限公司
讀者服務信箱：service@readingclub.com.tw
城邦讀書花園：www.cite.com.tw
香港發行所／城邦（香港）出版集團有限公司
香港灣仔駱克道193號東超商業中心1樓
Email：hkcite@biznetvigator.com
電話：（852）25086231　傳真：（852）25789337
馬新發行所／城邦（馬新）出版集團【Cite (M) Sdn. Bhd. (458372 U)】
11,Jalan 30D/146, Desa Tasik,Sungai Besi,
57000 Kuala Lumpur, Malaysia
電話：（603）90563833　傳真：（603）90562833

封面設計／徐璽
電腦排版／冠玫電腦排版股份有限公司
印　　刷／韋懋印刷事業有限公司
總 經 銷／聯合發行股份有限公司
電話：(02)29178022　傳真：(02)29156275
■2010年09月02日初版
■2016年06月22日初版2.5刷
定價240元　　printed in Taiwan

城邦讀書花園
www.cite.com.tw

 ISBN 978-986-120-250-1

廣　告　回　函
北區郵政管理登記證
台北廣字第00791號
郵資已付，免貼郵票

104　台北市民生東路二段141號2樓

英屬蓋曼群島商家庭傳媒股份有限公司城邦分公司　收

請沿虛線對摺，謝謝！

書號：BK9021　　書名：中文經典100句——淮南子

請於此處用膠水黏貼

商周出版

讀者回函卡

感謝您購買我們出版的書籍！請費心填寫此回函卡，我們將不定期寄上城邦集團最新的出版訊息。

姓名：________________ 性別：□男 □女

生日：西元________年________月________日

地址：________________

聯絡電話：________________ 傳真：________________

E-mail ：

學歷：□ 1. 小學 □ 2. 國中 □ 3. 高中 □ 4. 大學 □ 5. 研究所以上

職業：□ 1. 學生 □ 2. 軍公教 □ 3. 服務 □ 4. 金融 □ 5. 製造 □ 6. 資訊

□ 7. 傳播 □ 8. 自由業 □ 9. 農漁牧 □ 10. 家管 □ 11. 退休

□ 12. 其他________________

您從何種方式得知本書消息？

□ 1. 書店 □ 2. 網路 □ 3. 報紙 □ 4. 雜誌 □ 5. 廣播 □ 6. 電視

□ 7. 親友推薦 □ 8. 其他________________

您通常以何種方式購書？

□ 1. 書店 □ 2. 網路 □ 3. 傳真訂購 □ 4. 郵局劃撥 □ 5. 其他________

您喜歡閱讀那些類別的書籍？

□ 1. 財經商業 □ 2. 自然科學 □ 3. 歷史 □ 4. 法律 □ 5. 文學

□ 6. 休閒旅遊 □ 7. 小說 □ 8. 人物傳記 □ 9. 生活、勵志 □ 10. 其他

對我們的建議：________________

____

____

請於此處用膠水黏貼

中文經典100句11

台灣師範大學國文系　季旭昇 教授　總策畫
公孫策 著
定價 二〇〇 元

非但君擇臣，臣亦擇君

【名句的誕生】

劉秀接見馬援，謂援曰：「卿遨遊二帝間；今見卿，使人大慙。」援頓首辭謝，因曰：「當今之世，非但君擇臣，臣亦擇君矣！……」

～〈漢紀〉

【完全讀懂名句】

劉秀對馬援說：「先生穿梭於兩個皇帝之間。今日見面，令我大感慚愧。」馬援頓首拜謝，解釋說：「處在今天的世局之下，不只是皇帝選擇臣子，臣子也選擇皇帝啊！」

【名句的故事】

馬援是個英雄人物，不是普通攀龍附鳳之輩，不卑不亢地回答「不是只有君擇臣，臣也擇君」，意思是「你和公孫述都還沒統一天下，得天下得靠人才」。

【歷久彌新說名句】

蒯徹勸韓信自立門戶，與項、劉鼎足而分。韓信說：「漢王遇我甚厚，載我以其車，衣我以其衣，食我以其食。我豈可以向利背義乎？」

這就是劉邦收了韓信的心，而韓信「亂世臣亦擇君」選定了劉邦，自此死心塌地！

【名句可以這樣用】

今日工商社會企業競爭激烈，企業徵人要考試、面談，人才求職也要看這家企業「值不值得我投入心力」，可以為本句名言的現代版註解。

知名作家、廣播電視主持人 蔡詩萍　強力推薦